Littérature Progressive de la Francophonie

avec 750 activités

Corrigés

Direction éditoriale : Michèle Grandmangin
Édition : Bernard Delcord
Couverture et mise en pages : CGI

© CLE International/SEJER 2008
ISBN : 209-035362-4

Edmond JABÈS

Découverte

❶ Le titre du livre d'où ce passage est extrait est *Le livre de l'Hospitalité* et celui de la sous-partie est *L'hospitalité de la langue*. De nombreuses interprétations peuvent être données. *Le livre de l'Hospitalité* est-il un ouvrage qui traiterait de l'hospitalité, dans lequel seraient consignées les règles de l'hospitalité ? Un livre qui défend, qui chante l'hospitalité ou qui analyse ce concept ? De nombreux ouvrages de Jabès portent le mot « livre » dans leur titre, renvoyant aussi au Talmud.

❷ Le document est composé de lignes de longueur inégale, précédées d'un tiret. Le texte ressemble à un extrait de pièce de théâtre.

❸ Les termes « mots » et « bouche » sont respectivement en début et fin de phrase, se faisant ainsi écho et renvoyant à l'idée de parole. Le premier emploi du verbe « changer » évoque l'idée du sens, de la signification, le second le locuteur différent, étranger. L'interrogation pourrait être paraphrasée ainsi : « Les mots acquièrent-ils un autre sens lorsqu'ils sont prononcés par l'étranger ? » Cependant, « quand ils changent de bouche » peut aussi faire allusion à l'autre, à l'altérité. De cette manière, c'est le problème de la communication entre les hommes qui est soulevé.

❹ Les thèmes abordés sont ceux de l'hospitalité, de la communication, de l'altérité, de l'étranger et du Livre en tant que symbole de la parole écrite des hommes, auquel on peut se référer et que l'on peut discuter.

❺ Deux personnes parlent. Homme ou femme ? Il n'y a aucune indication. La première (A) se place par rapport à un pays qui est le sien ; elle est autochtone. L'autre (B) est étrangère et a choisi, par amour (« le tien m'est le plus cher ») le pays de A. Le texte est un dialogue entre ces deux personnes, et peut se rattacher au genre théâtral, mais aussi aux dialogues philosophiques que l'on trouve dans certains écrits de Platon, de Diderot…

Exploration
Pour commencer

Cette partie concerne le fragment du texte p. 10

❶ Réponse libre

❷ Les trois mots les plus répétés sont :
– pays (quatre fois)
– langue (trois fois)
– terre (trois fois)

Ces trois mots établissent le lien de dépendance, un rapport étroit entre la langue/le pays/la terre, les deux derniers mots pouvant, dans ce contexte, se substituer l'un à l'autre, même si « pays » renvoie à « nation », à un espace géographiquement et politiquement défini et « terre » à un espace non circonscrit, qui relève de l'histoire et des liens affectifs que les hommes ont construits avec elle.

❸ A demande à B ce qu'il vient faire chez lui, (« dans mon pays »). B répond qu'il est ici parce que le pays de A lui est « le plus cher ». D'une certaine manière, il a élu ce pays, l'a choisi par amour. Cette réponse ne satisfait pas A. Il reproche à B d'être étranger et il souligne qu'il le restera toujours.

❹ A considère B comme un intrus : il est l'étranger qu'il restera toujours. Dans un premier temps, A apostrophe B sur cette seule caractéristique, « étranger » terme repris en fin de phrase. La reprise souligne la permanence de cet état, permanence renforcée par l'emploi de l'adverbe de temps « toujours » et du futur de « resteras » qui projette dans l'avenir la quasi-certitude de la réalisation de l'action. Ici, le fait d'être étranger n'est pas une situation sociale passagère, ponctuelle, pour A, mais une essence, immuable. L'étranger n'a pas de place chez l'autre. A ferme sa porte. Pour lui, il n'y a pas d'hospitalité possible.

❺ Pour A, pays, langue et terre sont indissociables et d'une certaine manière, la langue de cette terre/ce pays est refusée si l'on n'est pas né dans cet espace. Dans le cas contraire, partager la langue reviendrait à partager la terre/le pays. Pour B, langue et terre sont aussi indissociables, mais à un autre niveau, celui de l'adoption. En adoptant une autre langue, il adopte un autre pays, une autre terre, ou vice-versa. Pour A, la terre sur laquelle il est né n'appartient pas à l'étranger, de la même manière que la langue non plus ne lui appartiendra jamais, ne sera jamais sienne.

❻ L'étranger admet qu'il n'a pas de « terre », pas de patrie, pas d'espace où il peut être reconnu, protégé. A la terre, il a substitué le « Livre », (les livres), l'espace de l'écrit, de la connaissance, objet qui nie les frontières, les pouvoirs, les nations, les identités construites à partir de ces dernières. Le « livre » est la « terre » de l'étranger.

❼ A revendique l'héritage de la langue (« je suis né avec ») et se présente comme le possesseur exclusif de cette langue, refusant à B le fait de l'avoir apprise, donc adoptée. Pour A, il n'y a pas de partage possible de sa langue maternelle avec l'étranger alors que ce dernier se place du point de vue de ce partage. A, qui a tout, langue, terre et patrie, défend et garde ce qu'il possède, rejetant l'autre, qui n'a rien. Là encore, l'hospitalité n'existe pas chez celui qui est nanti.

❽ Réponse libre.

Pour continuer

❶ C'est l'héritage, le fait que A soit né avec cette langue dont il se pense propriétaire qui l'oppose à B : ce dernier n'a fait que l'apprendre et l'adopter. Il ne la « possédera » jamais.

❷ « Doux leurre » s'entend aussi comme « douleur ». Par le jeu phonie/graphie, B rappelle à A que le problème de la langue est une illusion, une tromperie, que le fait même de poser la langue comme problème est quelque chose qui n'a pas de sens, mais il lui rappelle aussi que ce qui relève de la langue, donc des affiliations affectives, culturelles est aussi une souffrance, une « douleur ».

❸ L'étranger défend le droit d'aimer la langue à partir du moment où il l'a apprise, ce que refuse B pour qui l'apprentissage d'une langue autre que la langue maternelle doit tendre à en respecter la norme linguistique (« à la parler, à l'écrire le plus correctement possible ») et interdit de l'aimer, de la faire sienne.

❹ L'étranger revendique un passé avec cette langue, puisque ses parents la lui ont fait connaître (« révélée » : mot qui est très fort car il peut renvoyer à la révélation divine). Il s'inscrit donc dans une histoire (certes d'une seule génération, contrairement à A) avec cette langue. Les mots « reconnaissance » et « fidélité » relèvent d'une posture morale : en apprenant/prenant cette langue, l'étranger se sent redevable envers elle et éprouve de la gratitude. En la faisant sienne, il ne la trahira jamais et c'est dans les mots de cette langue (« Mes paroles ») qu'il met sa reconnaissance et sa fidélité.

❺ On ne peut pas bien sûr mettre sur le même plan la « maison » et la « langue », à moins que l'on ne considère, comme A, que l'on soit possesseur d'une langue, comme on peut l'être d'une maison, avec un titre de propriété garantissant que ce bien est inaliénable pour celui qui l'a acquis, que personne d'autre ne peut se l'arroger, se l'approprier. A veut amener B à partager son opinion (ce n'est pas parce que quelque chose nous plaît que nous avons le droit de le prendre) et son jeu est à la fois subtil et cynique.

❻ Pour l'étranger, « La langue est hospitalière », donc accueillante. Il ajoute qu'« elle ne tient pas compte de nos origines ». Nous sommes là dans la conception de l'hospitalité inconditionnelle de Derrida. Ici, cette conception concerne la langue et non le locuteur de cette langue, l'hôte, celui qui devrait recevoir l'étranger, mais qui se refuse à le faire parce qu'il s'arroge la propriété de cette langue.

❼ En offrant son livre, l'étranger donne le seul bien qu'il possède. A possède tout et ne donne rien : il ferme sa porte et exclut l'autre. B ne possède qu'une chose et il en fait don. À l'inhospitalité de A, il répond par ce don. C'est lui qui maintient un lien, ouvre métaphoriquement la porte de son « lieu ». Renversement des choses : c'est lui qui est hospitalier. Il a aussi le dernier mot : il tombe d'accord avec A sur le fait que si un livre ne s'offre pas, si on le choisit, il en est de même pour la langue, on la choisit et en la choisissant, elle devient nôtre. La langue appartient alors à ceux qui l'aiment, l'écrivent, la parlent, interrogent et chantent le monde à travers elle.

Pour ne pas terminer

❶ Réponse libre. ❷ Réponse libre. ❸ Réponse libre.

Anne HÉBERT

Découverte

❶ Le titre est *Les Fous de Bassan*. Réponse libre. Les fous de Bassan étant des oiseaux de mer, on peut supposer que l'histoire sera en lien avec la mer. Dans le nom de l'oiseau, il y a aussi le terme « fous ».

❷ L'histoire se passe au Canada, à Griffin Creek, en 1936. Il y a deux personnages : Stevens qui regarde sa cousine Olivia nager. Ils doivent être au bord de la mer puisque les fous de Bassan sont des oiseaux de mer.

❸ Le texte est composé de parties dialoguées (tirets) et de parties narratives.

❹ Réponse libre.

❺ 1er paragraphe : c'est la « voix » de Stevens que l'on entend ; la phrase « La même peur toujours, le même air farouche », deux interprétations sont possibles : soit c'est Olivia qui parle, soit Stevens. De « Je ne m'appartiens pas… » à « mourante… », c'est la voix d'Olivia, puis celle du jeune homme jusqu'à la fin du texte.

Exploration

❶ « Y fait beau à matin/ben beau » présentent des écarts avec le français standard. « Y » remplace « Il » et peut être analysé comme une trace d'oralité. « Ben » vient à la place de « bien » et se retrouve dans le parler de certains paysans français. « À matin » se substitue à « ce matin ». Nous sommes face à une variété du français parlé au Québec. C'est aussi un parler paysan, populaire.

❷ Le mot « peur » est répété cinq fois. C'est la jeune fille, Olivia, qui éprouve ce sentiment.

❸ Le verbe « se cache » et les participes passés « séquestrée » et « gêné » expriment l'enfermement. Le personnage est « enfermé » dans les « occupations ménagères » et privé de liberté par « trois hommes ombrageux ».

❹ L'idée d'enfermement est reprise par le parallélisme de deux phrases opposées, l'une négative, l'autre affirmative : « Je ne m'appartiens pas »/ « Je leur appartiens ». Dans ce passage, nous découvrons que les « trois hommes ombrageux » dont il est question au premier paragraphe sont les deux frères d'Olivia ainsi que son père. Les éléments nouveaux apportés sont la référence à Dieu, « À Dieu qui nous regarde » et la promesse qu'elle a faite à sa mère mourante, « J'ai juré à… », promesse sans doute de s'occuper des hommes de la maison. Dans cette situation, où la tradition veut que les femmes se dévouent pour les hommes, où la religion est fortement présente et pesante, la jeune fille ne peut pas être elle-même, « belle et désirable ». Son « corps magnifique » est lui aussi entravé, prisonnier des codes sociaux et religieux qui lui interdisent tout plaisir, toute jouissance.

❺ Stevens regarde « les bras » d'Olivia, ses « cheveux », ses « longues jambes nues ». Les mouvements de ses bras sont liés au fait qu'elle étend les draps, donc aux activités ménagères qui l'occupent la plupart du temps. La jeune fille est saisie dans son quotidien besogneux, mais les images qui s'attachent à elle sont celles de la beauté, de la sensualité (« Les cheveux dorés d'Olivia en mèches folles dans le vent. Sa robe blanche s'envole sur ses longues jambes ».) À cela s'ajoute l'idée de pureté (le blanc de la robe). Enfin, la notion de peur revient et domine la fin du passage.

❻ Lorsque Stevens s'approche d'elle, Olivia a peur, elle ne se sent pas en sécurité. Les battements de son cœur sont comparés à un oiseau « au creux d'un poing fermé », image qui insiste sur la fragilité de la jeune fille, sur le danger qu'elle court. Les deux dernières phrases, nominales, insistent sur la peur, mot repris deux fois. L'adjectif « délectable » qualifiant « peur » apporte une dimension inquiétante. À cela s'ajoute la sensualité que fait naître cette peur (« L'odeur musquée ») chez le jeune homme.

❼ Les phrases nominales fonctionnent comme des arrêts sur image au cinéma. Le cours de la narration est suspendu. Le passage des phrases verbales aux phrases nominales produit un effet de rupture. Le rythme change.

❽ Le dernier paragraphe marque une rupture car, pour une fois, Olivia se retrouve « seule », dans l'eau, symbole de l'état originel, dépourvu de souffrance ; elle est aussi libre et pour elle le monde extérieur n'existe plus, en particulier Stevens qui lui inspire tant de peur. Mais il y a aussi une continuité car le jeune homme, dont l'attitude est inquiétante à la fin du paragraphe précédent, dit ici qu'il a un « cœur mauvais », ce qui laisse mal augurer de la suite.

❾ Acivité libre.

Malika MOKEDDEM

Découverte

❶ Dans le titre *Des rêves et des assassins*, le nom « rêves » s'oppose à « assassins », synonyme de meurtres, de violence, de mort… Ces deux mots sont reliés par la conjonction de coordination « et » qui marque un lien et suggère que les mots sont mis sur le même plan. Réponse libre.

❷ La narratrice dit « je ». Elle parle de l'indépendance de l'Algérie qui a eu lieu en 1962 et des filles qui sont nées comme elle à l'indépendance. Elle pense que déjà à cette époque, quelque chose n'allait pas (« quelque chose était déjà détraqué »), mais elle l'ignorait.

❸ La biographie de l'auteure montre les liens étroits entre sa vie et celle de la narratrice, qui vit dans un pays où les femmes sont victimes d'injustices sociales. Comme la narratrice, Malika Mokeddem s'insurge contre les injustices faites aux femmes au nom de la religion, des traditions.

Exploration

❶ À l'époque de l'indépendance de l'Algérie, les femmes étaient considérées comme des symboles de liberté, de victoire, de beaux « trésors » aux promesses d'avenir. C'est sans doute un moment clé dans l'histoire de ce pays, où l'indépendance d'un peuple s'est faite avec les femmes et a assuré, pour un temps, à ces dernières, un autre statut.

❷ L'exclamation « Quelle ironie ! » est placée juste après « Trésor », pour souligner qu'au moment de l'écriture, la narratrice reconsidère le sens du mot et suggère au lecteur qu'il a désormais perdu sa signification initiale.

❸ Les prénoms sont remplacés par « Liberté entravées, Victoire asservies, héroïnes bafouées ». Les femmes n'ont sans doute pas profité de l'indépendance, de la liberté conquise par l'Algérie. Tout semble s'être retourné contre elles, et elles sont revenues à leur situation antérieure, « entravée, asservie », sans liberté.

❹ Elle emploie le mot « paradoxe » pour parler de cette situation contradictoire : la libération d'un peuple de l'oppression coloniale n'assure pas à une partie de ce peuple, les femmes, leur propre libération.

❺ Elle découvre que les pères retirent leurs filles des écoles pour les « marier, de force. » Dans la dernière phrase, M. Mokeddem veut dire que lorsque les pères, donc des hommes, empêchent leurs filles de poursuivre leurs études, synonyme de savoir, d'indépendance, ils peuvent être capables de porter atteinte à toute liberté. En d'autres termes, porter atteinte à la liberté des femmes signifie aussi porter atteinte à la liberté de tout homme.

❻ Pour la narratrice, « apprendre la langue de l'autre » signifie changer de situation, devenir une autre personne, un être singulier, seul, capable de penser, d'agir selon son propre libre arbitre. L'école représente ce chemin qui peu à peu mène vers cette singularité et cette liberté aussi.

❼ Les 3 phrases non verbales : « L'école, seule échappée./Apprendre la langue de l'autre, premiers pas vers la singularité./Vers une solitude de plus en plus profonde. » produisent un effet de rupture dans la narration. Ces phrases se succèdent, comme si elles étaient dites/écrites dans un souffle, dans une sorte d'urgence. Elles retiennent l'attention du lecteur sur l'importance des propos tenus.

❽ Sans doute que l'« immense rêve collectif de liberté », cette euphorie générale qui tend à se débarrasser du colonisateur, ne peut être totalement libérateur s'il n'y a pas d'entreprise de conscientisation des déterminations qui emprisonnent l'être humain, déterminations qui relèvent des traditions culturelles, religieuses, sociales…
Réponse libre.

Leïla SEBBAR

Découverte

❶ L'action se passe à Alger, dans les années 1990, dans l'appartement de la mère de Mélissa, *La jeune fille au balcon*.

❷ Réponse libre.

❸ On parle des « voisines », de personnes qui vivent dans un environnement proche. Elles font de la couture. Quand elles ont le temps, elles se réunissent « *autour d'un casque de coiffeur* », pour se faire couper les cheveux, se faire belles, s'occuper d'elles-mêmes et sans doute en profitent-elles pour discuter, se retrouver entre elles.

Exploration

❶ Elles se retrouvent dans l'appartement de l'une des femmes qui est coiffeuse. À cause des islamistes, des intégristes religieux musulmans, qui ont interdit les salons de coiffure pour femmes, elle a transféré son salon de coiffure chez elle. Réponse libre.

❷ Le mot répété est *interdit* : les islamistes ont interdit *les salons de coiffure pour femmes, les cosmétiques, le maquillage, les cheveux courts*. Ils combattent les femmes, tout ce qui les concerne, ce qu'elles sont, veulent être, ce qu'elles aiment. En premier lieu, ils combattent leur pouvoir de séduction en leur interdisant de se faire belles, de s'occuper d'elles-mêmes.

❸ Les artistes sont comparées à des « voleuses ». Dans le texte, le nom « artistes » désigne les femmes musiciennes considérées par les islamistes comme « des femmes de mauvaise vie », c'est-à-dire des femmes qui ne respectent pas les règles morales, des prostituées, en quelque sorte. L'image donnée ici des artistes est très négative : ce sont des parias à combattre, voire à éliminer. Réponse libre.

❹ Face aux islamistes, les femmes ne baissent pas les bras, elles ne se résignent ni ne se soumettent, elles résistent. Elles trouvent des tactiques pour continuer à exister, à vivre : elles se retrouvent chez l'une pour se faire belles, elles dansent entre elles, elles transmettent aux petites filles une tradition joyeuse, la danse orientale. Réponse libre.

❺ L'expression « 404 bâchées » désigne les femmes voilées qui ressemblent aux voitures équipées d'une bâche, une sorte de couverture qui les protège. Ces femmes sont comparées à la voiture très prisée des immigrés algériens, la Peugeot 404, modèle spacieux, qui peut être recouvert d'une toile très épaisse. C'est une comparaison plutôt drôle. Les « 404 bâchées » sont aussi appelées des « militantes islamistes ».

❻ Les « 404 bâchées » se rendent dans des immeubles où vivent des familles dont « les pères, les frères et les fils (sont) en prison, envoyés dans des camps disciplinaires », donc arrêtés et réprimés par le gouvernement algérien, ou alors « engagés au maquis », donc enrôlés par les islamistes. La plupart des familles auxquelles elles s'intéressent sont « démunies », pauvres, modestes. Les « 404 bâchées » développent des compétences de persuasion (« elles sont persuasives »), elles parviennent à convaincre les gens de partager leur cause, celle des islamistes. Elles font preuve de patience. Elles sont aussi obstinées, comme les extrémistes de tout bord (« Rien ne les arrête dans leur mission »), empathiques, dans le sens où elles savent persuader les gens qu'elles comprennent et partagent leur malheur (« habiles à consoler »). Elles « aident » par leurs paroles, leur recours à la religion (« Elles prêchent »). Leur objectif est de récolter le plus d'argent possible (« Elles viennent faire la quête ») pour la cause islamiste, régressive, obscurantiste, argent que ces femmes n'hésitent pas à aller quémander chez les plus pauvres.

❼ Leïla Sebbar nous montre ici une part de la complexité l'Algérie. D'un côté, la force de résistance de certaines femmes, leur capacité à la convivialité, à la gaieté, à la résistance à tout ce qui les réprime, les opprime. Celles-ci sont solaires. De l'autre côté, les forces obscurantistes en action, qui ne doutent de rien, habitées par une foi aveugle, qui n'hésitent pas à tuer ceux qui osent s'opposer, à un moindre degré qui osent discuter. Dans ce cas de figure, des femmes aussi participent à l'instauration de l'obscurantisme et de l'intolérance. C'est la facette sombre, nocturne, de leurs sœurs solaires. Quand les premières se font belles, chantent, dansent, résistent, les secondes manipulent les plus pauvres au nom de la religion et disent accepter librement leur soumission aux dogmes religieux, donc aux hommes.
Le texte de Leïla Sebbar est à mettre en écho avec *Mémoires d'Hadrien* et *L'Oeuvre au noir* de Marguerite Yourcenar.

Shan SA

Découverte

❶ L'histoire se passe en Chine, en Mandchourie, dans les années 1930 ; il y a deux personnages : la narratrice et son amie Huong. Elles ont entre 15 et 16 ans.

❷ Le texte se compose de parties narratives (récit) et dialoguées (phrases qui commencent par un tiret).

❸ **Lisez le texte. Pour vous aider, mettez N devant les répliques de la narratrice et H devant celles de Huong. C'est Huong qui parle en premier.**

❹ Elle va se fiancer avec un homme qu'elle n'a jamais vu.

Exploration

❶ C'est son père et sa belle-mère qui ont décidé pour Huong ; elle doit retourner à la campagne fin juillet pour se marier.

❷ Si Huong refuse le mariage imposé, son père lui coupera les vivres, il ne lui donnera plus d'argent pour subvenir à ses besoins. Réponse libre.

❸ À l'annonce de l'événement, la narratrice se met d'abord à rire (« Je suis prise d'un fou rire »), puis se révolte : « Ne me dis pas qu'on t'impose ce mariage avec un inconnu. ». Ses premières questions portent d'abord sur l'identité, les occupations et l'aspect physique du garçon : « Avec qui ? D'où sort-il, celui-là ? Où étudie-t-il ? Est-il beau ? ». Elle demande à Huong pourquoi elle ne lui a rien dit : « Pourquoi me le cachais-tu ? » Elle change d'attitude lorsque Huong lui dit qu'elle n'a jamais vu son fiancé et que son père et sa belle-mère ont décidé pour elle (« Je ne l'ai jamais vu (…) la fin de juillet. »)

❹ La narratrice utilise des phrases impérative et déclarative négatives : « Ne me dis pas… », « Ce n'est pas possible » et une exclamation familière : « Salopard ! » pour exprimer sa révolte contre les traditions imposées aux jeunes filles, sa surprise face à Huong qui semble accepter la fatalité de ce qui lui arrive.

❺ Huong est comparée à une monnaie d'échange, un produit, une marchandise consommable : « un produit, une monnaie d'échange ! » On est dans le registre du commerce et la narratrice veut faire prendre conscience à Huong que sa valeur humaine ne peut être comparée, évaluée comme un produit de consommation.

❻ Les paroles de la narratrice ont une résonance très moderne : elle est consciente que le temps est passé où les parents décidaient pour leurs enfants, surtout pour les filles. Elle constate que les vieilles traditions reculent, mais pas partout et pas pour tout le monde. Elle est révoltée que son amie soit encore victime de mœurs aussi rétrogrades et ne profite pas de la liberté assurée par une certaine modernité.

❼ Les lieux qui sont opposés sont la ville, symbole de la modernité, du changement, de la liberté, et la campagne, où vivent les parents et futurs beaux-parents de Huong. Ce lieu signifie la fermeture sur le monde, peu de rencontres, être soumis au regard des autres, rendre des comptes, respecter les traditions qui entravent les femmes.

❽ Pour la narratrice, si Huong accepte la décision de ses parents, elle sera non seulement maltraitée par sa belle-mère, mais elle finira par devenir comme elle, reproduisant ainsi ce qu'on lui aura imposé. Réponse libre.

Fernando ARRABAL

Découverte

❶ Le titre est « Claudel et Kafka ». Il renvoie aux noms des romanciers français et tchèque. Réponse libre. Paul Claudel a essentiellement créé une œuvre théâtrale, *L'Annonce faite à Marie* (1912), *Le soulier de satin* (1929), et poétique, imprégnée de spiritualité chrétienne. Franz Kafka, qui écrit en allemand *La Métamorphose* (1915), *Le Procès* (1925), met en lumière la dissociation entre l'homme et le monde et la solitude absolue de l'être humain.

❷ Il s'agit d'un texte de théâtre. Les deux écrivains, Claudel et Kafka, qui donnent leurs noms au titre de l'œuvre, font partie des personnages de la pièce.

❸ Il y a Camille, la sœur de Claudel : c'est une artiste qui s'est consacrée à la sculpture. Elle a été l'élève et l'amante du sculpteur Rodin. Considérée comme folle, elle a été internée une grande partie de sa vie dans un hôpital psychiatrique. Jean Amrouche était un poète et journaliste français d'origine berbère et algérienne.

❹ Le chapeau indique que la scène se passe au paradis : cela signifie donc que les personnages sont morts.

❺ Parmi les personnages présents, il y a aussi François Mauriac, écrivain français dont l'œuvre, comme celle de Paul Claudel, est traversée par des interrogations religieuses. Camille est représentée par une voix. Ils parlent de l'enfermement de la jeune femme sur ordre de son frère Paul, du sort des artistes condamnés, du poids de la société, de la malédiction d'être femme, belle, intelligente et artiste.

Exploration

❶ Les didascalies qui suivent les deux premières répliques de Claudel : « en criant/très nerveux » indiquent que le personnage est agité, pas tranquille. Il refuse d'être accusé de « l'internement » de sa sœur ; pour lui, il a seulement voulu son bien.

❷ Le verbe repris est « condamner », utilisé en général quand l'acte accompli par une personne est jugé criminel, dangereux. Camille reprend deux fois ce verbe en soulignant qu'elle a subi cette condamnation alors qu'elle n'a commis aucun crime : « Tu m'as condamnée/J'ai été condamnée » ; le pronom personnel complément « m' » en position d'objet et la forme passive « J'ai été » mettent le personnage en situation de victime, d'objet.

❸ C'est l'univers de l'hôpital psychiatrique, donc de l'enfermement et celui du monde extérieur, « tu t'emparais (…) entière » donc de l'ouverture, des rencontres, des découvertes, de la liberté, qui sont évoqués.
Lui, l'homme, son frère est actif (« tu t'emparais ») ; elle, la femme, la sœur, est passive, objet (« J'ai été condamnée »). En disant « à ton ciel divin » Camille fait référence à l'expression de son frère « que le ciel la prenne en pitié », pensant en réalité à l'asile psychiatrique où elle a été enfermée, et qui est tout l'opposé.

❹ Jean Amrouche cite ce que lui a dit Paul Claudel. Camille est présentée comme une femme exceptionnelle, très belle et intelligente : « d'une beauté éblouissante et dotée d'une intelligence », une grande artiste, pleine d'énergie et d'une grande volonté. L'adverbe d'intensité « si » accentue le caractère extraordinaire de cette femme qui, paradoxalement, n'a pas eu de chance puisque son frère, sa famille lui ont imposé un autre destin que celui qu'elle aurait dû avoir ; sans doute était-ce dû au fait qu'elle était femme et très intelligente, en avance sur son temps, artiste de surcroît et vraisemblablement opposée aux règles sociales de son milieu bourgeois et catholique.

❺ La partie entre guillemets « à maintenir définitivement en traitement » indique une décision prise par une autorité, ici Paul Claudel, le « tuteur » de sa sœur. Les conséquences de cette violence ont été particulièrement cruelles pour Camille puisqu'elle a été internée à 49 ans jusqu'à sa mort, le 19 octobre 1943, à l'âge de 79 ans. Réponse libre.

❻ Le champ lexical dominant est celui de la religion : « le ciel/prenne en pitié/charité, prières ». C'est au nom de la religion chrétienne que Claudel a pris la décision de faire interner sa sœur, au nom de l'ordre moral et aussi social que l'écrivain, qui était aussi diplomate, respectait. Il devait craindre le scandale social que pouvait soulever sa sœur, femme, artiste et amante de Rodin, homme marié, situation inacceptable à l'époque.

❼ Kafka est du côté des artistes, des personnes qui souffrent ; il prend donc la défense de Camille et condamne chez Claudel sa peur des artistes « aux dons exceptionnels », qu'il juge « dérangés » selon sa norme, sa morale et qu'il voue à la mort (« La porte de l'asile s'est refermée sur elle comme une tombe ») par l'enfermement à vie dans un hôpital psychiatrique.

❽ Réponse libre.

Bertina HENRICHS

Découverte

❶ L'action se déroule dans une île grecque des Cyclades, Naxos, dans un hôtel. Les personnages sont Eleni et son mari Panis. Il s'agit d'un milieu social modeste.

❷ Le passage proposé comporte des parties narratives (le récit) et dialoguées (les tirets indiquent des prises de parole).

❸ Lorsque Panis parle à sa femme, il crie (« jappa/cria ») puis il la secoue. Il est brutal, rude. Il doit être très énervé, pas du tout content.

Exploration

❶ Eleni ne semble pas comprendre ce qui se passe, pourquoi son mari est dans un tel état. Elle le regarde « sans comprendre », réfléchit (« fit l'inventaire... »), mais ne trouve pas d'explication : « Elle ne découvrit rien ».

❷ Panis reproche à Eleni de jouer aux échecs. La phrase qui le dit clairement est : « Tout Chora est au courant que tu passes ton temps a jouer aux échecs. »

❸ Non, Eleni n'est pas sincère : elle sait que c'est son amie Katherina qui a dû dire autour d'elle qu'elle jouait aux échecs ; elle fait donc semblant de ne pas savoir.

❹ Quand Panis dit « Je suis la risée du port », il veut dire que toutes les personnes se moquent de lui car sa femme joue aux échecs. Elle lui rappelle que cette situation ne le regarde pas, ne le concerne pas (« Cela ne te concerne pas »). Réponse libre.

❺ L'hypothèse de Panis est la suivante : si Eleni se ridiculise, elle le ridiculise aussi. Il trouve ridicule que sa femme joue aux échecs. Il la traite même de folle (en fait, il reprend les paroles des habitants du port). Il conclut enfin qu'il « faut respecter les règles », que « C'est comme ça ». Il n'est pas convaincant car ses « arguments » ne reposent que sur la reproduction des normes sociales, qu'il admet sans réfléchir.

❻ Eleni sait que Panis ne supporte pas la « moquerie », qu'il en souffre beaucoup. Il veut rester dans la norme, être comme tout le monde. Elle sait aussi qu'avec le temps, les gens vont vite s'habituer. Panis est très sensible à l'opinion publique, à ce que l'on pense de lui. Cependant, il n'aime pas se fâcher avec sa femme...

❼ Il impose à Eleni d'arrêter de jouer, de mentir en disant que tout est faux. Il lui impose de renoncer à sa passion. Si elle accepte, il lui enlève une occupation qui permet à cette dernière de sortir, du moins d'oublier, sa condition de femme de ménage. Panis est égoïste, il ne pense qu'à sa réputation et n'imagine pas l'importance que le jeu d'échecs peut avoir dans la vie de sa femme.

❽ C'est Eleni qui a le dernier mot : « Jamais ». Elle refuse ce que lui propose son mari. Panis vit par rapport aux autres, il se conforme aux normes. Il veut donner une bonne image de lui. Au contraire, Eleni est dans la transgression dans le sens où elle s'adonne à un jeu qui n'est pas habituel pour une femme de son milieu social et qui soulève la réprobation et la moquerie. Réponse libre.

Christine ARNOTHY

Découverte

❶ Le titre est *J'ai quinze ans et je ne veux pas mourir*. Il s'agit d'un récit autobiographique (présence d'un « je »). Réponse libre.

❷ L'histoire se passe à Budapest, en Hongrie, pendant la Seconde Guerre mondiale ; les

Allemands occupent la capitale et l'armée soviétique (russe) est autour de la ville. C'est le siège : les gens ne peuvent plus s'approvisionner, ne peuvent ni sortir, ni entrer.

❸ Le texte est écrit à la première personne (« je »), qui représente la narratrice. Elle est avec ses parents. La famille est sur le point de partir et chacun essaie d'emporter ce qu'il peut avec lui (la narratrice cache les pages de son journal, sa mère enfile des couches de robes). Le texte est écrit au présent (présent de narration) et produit ainsi un effet d'immédiateté, donnant au lecteur l'impression de découvrir les événements au moment où ils se produisent.

❹ La famille a vécu quelques mois dans la « cave », au sous-sol d'une maison où elle était cachée à cause de la peur des bombardements soviétiques pendant le Siège.

Exploration

❶ La narratrice et sa famille vont vers un lieu « inconnu ». Dans la biographie, on apprend que la famille de la narratrice se retrouve d'abord dans un camp de réfugiés en Autriche puis à Bruxelles où elle s'installe.

❷ La narratrice se sent seule (« la solitude ») et ce sentiment est développé par la reprise de la négation « personne » et les propositions négatives : « Personne ne me/Je n'ai personne… » Elle est sans amis ni appui. L'auteure met l'accent sur l'extrême solitude qui entoure sa famille, et sur celle de la jeune narratrice en particulier : elle semble seule au monde.

❸ Les trois phrases qui indiquent l'attitude de narratrice sont : « Je me tiens debout »/ « Je ne pleure pas »/« J'attends ». Pendant le temps qui s'écoule, elle pense à l'Histoire, à ce qui lui arrive et contre quoi elle n'a aucune prise, elle pense aussi au moment où ses parents et elle vont enfin s'en aller.

❹ C'est la narratrice adulte qui dit cette phrase. Le mot « Histoire » est écrit avec une majuscule initiale, faisant référence à la grande histoire, celle des pays, par opposition à l'histoire personnelle des individus, la sienne. Cette phrase signifie que l'Histoire, ici celle de la folie meurtrière des hommes, ne tient pas compte de l'humain, des personnes. C'est un rouleau compresseur qui entraîne inexorablement les individus dans le malheur, ne leur laissant aucun moyen de s'échapper (« aucune échappatoire »), ni même la possibilité de pleurer (« pas même pas pour une larme »). Réponse libre.

❺ Réponse libre. Elle est tellement enfermée dans la peur et dans l'angoisse, tellement prise par l'urgence du présent (il faut fuir) qu'il lui devient impossible de se souvenir. Cette impossibilité du souvenir peut aussi être un moyen de ne pas souffrir, d'éloigner le regret de quitter ceux que l'on a connus. La violence de la guerre fait que l'être humain pense d'abord à sa survie. La guerre déshumanise, brise les liens entre les gens. La narratrice emporte finalement les pages de son journal intime tenu pendant le siège, pages qui représentent ce qu'elle est, a ressenti et a vécu pendant cette période. C'est tout ce qui lui restera d'une partie de sa vie à Budapest, qui témoignera des moments passés dans cette ville.

❻ Les gestes de la narratrice sont très rapides : « Je les sors/j'arrache les pages/je les plie et les répartis ». Réponse libre. Sa mère, de son côté, essaie de mettre son manteau par-dessus plusieurs robes. Ceux qui doivent partir emportent tout ce qui leur est possible de prendre, mais ils ne peuvent pas emporter grand-chose. C'est le destin tragique des exilés devant tout abandonner qui est montré ici.

❼ La phrase du père, « C'est la dernière minute pour tenter le passage », souligne que le moment décisif est arrivé, que la famille n'a plus le choix si elle veut sauver sa vie. L'utilisation du verbe « tenter » montre l'incertitude de l'entreprise. C'est l'angoisse, l'incertitude, la souffrance de tout quitter, la peur d'échouer, la peur de l'inconnu qui caractérisent la situation de cette famille.

❽ Réponse libre.

Fadhma AMROUCHE

Découverte

❶ Le titre est *Histoire de ma vie* et il s'agit du genre autobiographique (ou ce que l'on appelle des « mémoires »).

❷ Elle est en Tunisie, dans une ville qui s'appelle Maxula-Radès et à ce moment-là, elle a 64 ans.

❸ Elle vient d'écrire « le résumé » de sa vie dans un cahier qu'elle dédie à son fils Jean, figure du poète berbère et français. Elle veut lui transmettre son histoire, son vécu ; elle lui donne une filiation, une inscription dans l'histoire.

Exploration

❶ Elle a écrit *Histoire de ma vie* en un mois ; elle a fait vite car elle se considère vieille et a peur de mourir sans laisser de traces, sans avoir transmis cette mémoire à ses enfants.

❷ Elle évoque d'abord une ville près de Paris, La Varenne-Saint-Hilaire (c'est là qu'habitait son fils, Jean Amrouche) ; puis deux villes de son enfance en Algérie (Toujal et Fort-National) et la Tunisie où elle a passé près de 40 ans. La vie de Fadhma est marquée par l'exil, le fait de ne se sentir nulle part chez elle, d'être l'éternelle étrangère.

❸ « Mais » oppose le moment où Fadhma écrit et fait des commentaires (« Je suis vieille ») sur sa vie et le temps de sa jeunesse (« j'ai gardé mon âme d'enfant »). Finalement, c'est l'image d'une femme tendre, juste qui n'a pas changé durant sa vie ; elle a toujours été du côté des opprimés et a combattu les injustices.

❹ Le verbe de perception est voir/revoir (« Je n'ai plus revu/Je revois ») ; cette répétition marque l'importance du regard dans la reconstitution des souvenirs. C'est sur cette mémoire visuelle « photographique », que s'appuie Fadhma pour écrire son autobiographie.

❺ Elle se souvient surtout des beaux paysages de sa jeunesse, de la nature en fleur, du ruisseau et de la cascade. La poésie de ce passage repose sur la longueur des deux phrases qui forment un seul paragraphe, sur les oppositions entre le passé (« …ce qu'elle est devenue ») et le permanent (« il y a toujours… »), la sonorité des mots (« l'image enchantée de ma jeunesse »), l'énumération des noms de fleurs, la métaphore (« un tapis de boutons d'or ») qui donnent à l'endroit évoqué un caractère paradisiaque. On entend (le bruit de l'eau), on voit, on respire tout ce qu'elle se rappelle. De cette période, l'auteure se souvient, garde en mémoire « l'image enchantée de [sa] jeunesse », une jeunesse bercée par la beauté de la nature. L'adjectif « enchantée » souligne à la fois le bonheur, mais aussi l'émerveillement, le caractère quasi-magique de cette période.

❻

Fadhma met le nom « la Kabyle » entre guillemets car avant tout elle est née dans un village de la région de Kabylie et les habitants sont appelés Kabyles ou Berbères. Les guillemets attirent l'attention du lecteur sur la spécificité de cette appartenance. Ici, l'auteure insiste sur le fait qu'elle s'est toujours sentie seule parmi les Arabes tunisiens, puisqu'elle est kabyle, et parmi les Français, malgré son éducation française. Elle n'a *jamais* pu se lier ni avec les Français ni avec les Arabes ; elle est *toujours restée* « l'éternelle exilée », celle qui n'a de place nulle part. Ce sont les adverbes « jamais » et « toujours » qui sont répétés pour mieux insister sur ce qu'elle est (« la Kabyle »). En tant que Kabyle, elle est l'éternelle exilée.

❼ Elle désire (« j'aspire ») vivre parmi les siens, chez elle, dans son village natal. Vivre avec les gens de même origine qu'elle (« ceux de ma race »), c'est partager la même langue, la même « mentalité », c'est être avec des gens qui ont « l'âme superstitieuse et candide », qui se battent pour la liberté et dont le symbole est Jugurtha, roi de Numidie (c'est le nom donné par les Romains à l'Afrique du Nord).

❽ En évoquant « l'âme de Jugurtha » et en dédiant son livre à son fils « Jean Amrouche, le poète berbère », Fadhma Amrouche, qui est l'une des premières femmes kabyles à écrire en français – écrire c'est aussi s'inscrire dans le temps de l'histoire – tisse des liens entre l'Histoire du peuple berbère au temps de Jugurtha et son fils, descendant de ce peuple qui, à son tour, transmettra ce legs, cette Histoire des Berbères. L'auteure revendique clairement son appartenance à l'histoire de son peuple.

Andrée CHÉDID

Découverte

❶ L'action se passe au Liban, en 1987. Durant ces années, le Liban sortait à peine de la guerre civile ; la violence règne entre plusieurs factions (chrétienne, musulmane…) ; l'armée syrienne contrôle la majeure partie du pays ; les Palestiniens sont chassés du pays (massacres de Sabra et Chatila), l'armée israélienne occupe le sud du pays.

❷ Les personnages sont : les parents d'Omar-Jo, Omar et Annette qui sont morts lors d'une explosion de voiture ; son grand-père Joseph, qui s'occupe de lui, lui parle. Le prénom du petit garçon reprend celui de son père, Omar, qui est un nom arabe et celui, tronqué, de son grand-père Joseph, prénom chrétien. C'est donc un nom composé qui renvoie à l'univers mêlé, pluri-culturel de la famille (la mère a un nom européen, chrétien) et à la complexité du Liban.

❸ Réponse libre. Un lien peut être fait avec le prénom « multiple », pluriel, du jeune garçon qui symbolise la rencontre de plusieurs cultures, croyances. Il peut renvoyer à la multiplicité des affiliations qui sont en chacun de nous.

❹ C'est le grand-père Joseph qui parle avec le jeune Omar. Il souhaite que le petit parte à cause de la guerre qui déchire le pays et empêche les gens d'avoir une vie normale.

Exploration

❶ Pour aider Omar-Jo à « quitter » le Liban et ce qui reste de sa famille, le grand-père lui dit qu'à son âge, « il faut visiter la Terre », aller voir ailleurs ce qui se passe, découvrir comment les gens vivent. Joseph ne donne pas vraiment d'argument, il veut que le jeune garçon comprenne que la violence permanente au Liban n'est pas vivable pour lui et qu'elle risque de gâcher son avenir. La situation est douloureuse pour Joseph aussi qui devra se séparer de son petit-fils.

❷ Il réagit mal (« ne voulait pas entendre parler de ce départ »), il ne veut pas quitter le pays et les gens qui lui sont familiers. Il a aussi peur que, partant si loin, le temps efface de sa mémoire le souvenir de ses parents. Réponse libre.

❸ Pour rassurer l'enfant, Joseph lui dit que l'image de ses parents l'habitera toujours. Le parallélisme de cette phrase « ...s'effaceront **jamais**/ils t'habiteront **toujours** » met en valeur et en opposition les deux adverbes de temps qui annoncent un futur qui ne changera pas ; on remarque aussi que *s'effacer* s'oppose à *habiter*, synonyme de traces, de liens.

❹ Joseph recourt aux phrases injonctive (« Ne reste pas ») et déclarative (« Il faut voir le monde »), pour convaincre l'enfant ; la forme négative (« tu **ne** dois **pas** vivre avec la guerre ») renvoie au monde libanais alors que la forme affirmative (« Les racines s'exportent ») ouvre vers un monde meilleur, un monde de paix.

❺ Le verbe « étouffer » renvoie à l'idée d'enfermement d'un pays en guerre. Joseph a un discours bienveillant, humain, tendre et ouvert ; il veut persuader l'enfant des bienfaits d'un tel départ, de toutes les promesses qui peuvent l'attendre ailleurs. Le grand-père veut rendre l'exil du petit plus acceptable, plus doux en lui expliquant qu'il peut emporter « ses racines » avec lui, que celles-ci ne sont pas enfermantes, qu'elles ne doivent ni l'étouffer, ni l'empêcher de partir.

❻ Omar-Jo a peur de se retrouver seul, de ressentir fortement la solitude. Il n'aura plus de famille pour le soutenir, l'aider, l'aimer... Il a peur de l'inconnu, de sa nouvelle vie.

❼ Réponse libre.

Chen YING

Découverte

❶ Le titre est *Les lettres chinoises* et appartient au roman épistolaire. Réponse libre. *Lettres persanes* de Montesquieu, *Lettres parisiennes* de Nancy Huston et Leïla Sebbar, *Lettres de mon moulin* de Daudet, *Lettres à Lucilius* de Sénèque, *Lettres philosophiques* de Voltaire...

❷ Yuan est un jeune Chinois d'environ vingt ans ; Sassa est son amoureuse et vit à Shanghai. Yuan lui écrit une lettre.

❸ Réponse libre. Le chiffre 1 correspond au début roman, à la première lettre. Yuan est à Vancouver, une ville du Canada.

❹ Réponse libre. Yuan écrit à Sassa sur son départ, l'attitude de Sassa lors de son départ, ses premières impressions à l'étranger. Il est à l'aéroport et attend son avion pour continuer son voyage.

Exploration

❶ L'adverbe de temps est « quand » qui renvoie au moment où Yuan était en Chine, à l'aéroport et allait prendre son avion pour le Canada. À ce « moment-là », Sassa n'a pas montré sa tristesse, n'a pas pleuré. Les deux phrases suivantes traduisent l'étonnement de Yuan qui n'a pas compris l'attitude de son amoureuse.

❷ Si Sassa avait pleuré lors du départ de Yuan, rien n'aurait changé pour lui (« tes pleurs ne sauraient pas mieux me consoler »). Ce qui l'a marqué et qu'il emporte avec lui, c'est son « sourire muet », « intelligent et moqueur », sourire qui n'a pas besoin de la parole, qui traduit aussi l'intelligence, la finesse de la jeune femme en même tant que la distance qu'elle garde par rapport à la situation (« moqueur »).

❸ Sassa trouve normal que Yuan abandonne, quitte une terre qui ne lui a pas donné ce qu'il faut pour mieux vivre (étant diplômé, il doit normalement avoir un travail correct…).

❹ Yuan s'engage pour une destination « inconnue », lieu qu'il qualifie de « bout du monde ». Réponse libre. Il semble courageux de tout quitter pour tenter sa chance ailleurs, dans un pays dont il ne doit ni connaître les us et coutumes ni parler la langue.

❺ Ce qui peut paraître paradoxal, contradictoire, dans le propos de Yuan, c'est de dire qu'il quitte un pays qui ne lui pas donné ce qu'il escomptait mais qu'il l'aime quand même, et davantage quand il le quitte. Sans doute, de la solitude qui s'empare de lui, ailleurs, naît cette nostalgie, cet amour pour son pays.

❻ En quittant son pays, Yuan explique à Sassa qu'il ressent un besoin de rattachement (« appartenance ») à son pays d'origine. Pour lui faire comprendre ce qu'il dit, il décrit des situations plus ou moins hostiles vécues à l'étranger : « Une dame aux lèvres serrées », « les gens dont tu ignores jusqu'à la langue », « quand on te demande tout le temps de quel pays tu viens ». Ces exemples de situation, introduits par « quand », donnent l'impression d'un acte qui se répète à l'infini, et sont pour la plupart vécus par toute personne qui a quitté son pays, qui doit justifier sa présence sur le sol étranger, s'adapter.

❼ Réponse libre. Pour Yuan, vivre ailleurs, c'est ne plus rester tel qu'on a été auparavant ; c'est être capable de se donner une nouvelle identité, d'être comme les autres et non s'enfermer dans sa différence.

❽ Réponse libre.

Zineb LABIDI

Découverte

❶ Les caractères gras du début du texte tranchent sur les autres caractères, en maigre. Les premiers attirent l'attention du lecteur et disent peut-être l'intention de l'auteure/éditeur : souligner l'importance de ce début d'écrit.

❷ Les pronoms sont « me » et « je », pronoms de première personne. Le texte est vraisemblablement autobiographique.

❸ Les dates sont « mars 1996 ». Il est question du début de quelque chose qui a eu lieu à cette date : « Un point de départ » et d'un départ effectif : « Je suis partie ».

❹ Le contexte est celui de l'Algérie de la décennie 1990, où le pays a traversé une guerre civile meurtrière, opposant les islamistes au pouvoir algérien, qui a fait des milliers de morts et a obligé un grand nombre d'intellectuels, d'écrivains, d'artistes menacés de

❺ mort à partir.

Réponse libre.

Exploration
❶
Les interrogations portent sur comment et pourquoi l'auteure est partie, sur les circonstances et les causes de ce départ, puis elle se demande de quelle manière elle pourra continuer à être ce qu'elle est, de quelle manière elle pourra rester fidèle à elle-même, de quelle manière elle pourra poursuivre ce qu'elle faisait, poursuivre son combat, ailleurs, sur la terre d'exil.
❷

Il lui a fallu deux années pour prendre sa décision. Pour recomposer l'histoire de cet exil, elle part du jour décisif du départ « Un jour de mars 1996, je suis partie », puis remonte le fil du temps ; « je suis partie après deux années d'hésitation, deux années de décision toujours remise au lendemain ».
❸

De nombreuses phrases infinitives (« Répondre. ». « Refaire l'histoire. » « Dire. » « Justifier, peut-être. » « Justifier d'abord pour moi-même. ») soulignent les actions à accomplir, mais sorties de toute temporalité : il n'y a ni futur, ni passé, ni même de présent. C'est la situation précise dans laquelle elles sont employées qui explique ce choix de l'infinitif et qui pourrait être remplacé par un impératif (« Il me faut répondre » ; « Je dois refaire l'histoire » ; « Je dois dire. ») Ces infinitifs sont des actes. Il y a aussi la présence de deux propositions non verbales juxtaposées et liées par les deux points : « Un point de départ : un jour de mars 1996. » qui focalisent sur l'objet et le moment, et fonctionnent comme un arrêt sur image et une phrase faussement nominale dont les auxiliaires sont sous-entendus : « Deux années avec une décision arrêtée la nuit et changée au matin. » L'auteure procède aussi par répétitions, reprises et parallélismes : « Justifier, peut-être/Justifier d'abord pour moi-même. » ; « Deux années » est répété quatre fois, et introduit dans trois segments de phrases construites en parallèle. Les phrases courtes (un mot, parfois) succèdent à des phrases plus longues. Tous ces choix stylistiques construisent un rythme rapide qui ralentit vers la fin et se termine par un suspense, une interrogation. Nous avons l'impression d'assister au développement de la pensée de l'auteure en même temps que celle-ci reconstruit son histoire. La succession des phrases courtes, les reprises et parallélismes produisent une impression de rapidité, créent une écriture de l'urgence.
❹

« Un jeu truqué » est un jeu malhonnête, un jeu où les règles ne sont pas énoncées ou ne sont pas respectées, où elles peuvent changer à chaque instant. Les victimes de ce jeu truqué ne comprennent plus rien, ne peuvent pas riposter et subissent l'arbitraire le plus total. C'est la folie qui les guette, le suicide pour certains quand ce n'est pas la mort par assassinat.
❺

Le premier constat est : « Un jour, il a fallu admettre que l'on dialoguait par nos morts ». La guerre civile qui sévit en Algérie signifie que les protagonistes ne se parlent plus, que le seul « dialogue », la seule « communication » qui existent entre les islamistes, les terroristes et la société civile est le meurtre d'innocents, l'assassinat aussi de nombreux intellectuels et artistes (Tahar Djaout, Abdelkader Alloula, Youcef Sebti, Matoub Lounès et bien d'autres). « La mort » est répété trois fois et mise en position de sujet avec les verbes « signifiait, symbolisait, parlait », comme si elle n'était plus que le seul interlocuteur possible et remplissait toutes les fonctions du langage et de la communication. Non seulement il devient impossible de parler, d'échanger dans le pays de l'auteure, mais aussi impossible de vivre puisque c'est la mort qui envahit tout l'espace.

❻ Le second constat est : « Le corps des femmes devenait le lieu où s'écrivait une certaine histoire de l'exclusion et de l'horreur ». L'auteure développe sa pensée en reprenant le terme « corps » auquel elle acolle trois propositions infinitives (« à contenir, à voiler et bientôt à violer ») qui le transforment en objet soumis à toutes les violences. Réponse libre.

❼ L'auteure n'a jamais compris que sa position de femme la place toujours en second, qu'elle ne pouvait pas avoir les mêmes droits que les hommes, qu'elle était « reléguée », c'est-à-dire mise de côté, rejetée car femme. Réponse libre.

❽ Réponse libre.

Jacques BREL

Découverte

❶ La disposition du texte en vers fait penser à un poème. Il n'y a pas de ponctuation, comme dans certaines poésies modernes.

❷ L'auteur/compositeur est Jacques Brel, célèbre chanteur belge. Il est connu pour son talent d'interprète, la poésie et la force de ses chansons. Le texte proposé est donc une chanson.

❸ Le titre, *Quand on n'a que l'amour*, est repris 10 fois, produisant ainsi un effet d'insistance, un refrain lancinant.

❹ Les rimes sont embrassées (abba) : « am**our**/part*age*/voy*age*/am**our** » (le premier et le dernier mot ont la même rime en « our », alors que les rimes intérieures de chaque quatrain (non signalé par un espace) varient.

❺ **Lisez le texte. Que comprenez-vous ? Numérotez les vers.**
Réponse libre. Il y a 44 vers.

Exploration

❶ Le poète parle de l'amour partagé aux vers 2, 4, 6, 10. On peut aussi accepter les vers 26, 30 et 42. L'utilisation du verbe pronominal « s'offrir » exprime la réciprocité, ainsi que l'emploi des déterminants possessifs « mon/nos », des pronoms personnels « toi/moi ».
Aux vers 26 et 30, l'emploi transitif du verbe « offrir » met l'accent sur le don pour autrui, un acte « gratuit ».

❷ Dans les vers 13 à 16, deux univers s'opposent : celui d'un quartier (« faubourg ») marqué par la misère (« laideur ») et celui de l'amour capable de transformer, de rendre beau, lumineux un endroit qui ne l'est pas, (« meubler de merveilles »). Les vers 21 à 24 mettent en opposition, à travers la métaphore du vêtement, les « pauvres »/les voleurs (« malandrins ») et les « manteaux de velours », symbole de richesse, deux univers sociaux, celui des pauvres et celui des riches. Les images exprimées grâce aux métaphores des vers 14 à 16 « Pour meubler de merveilles/Et couvrir de soleil/La laideur des faubourgs » mettent en valeur la force de l'amour, capable de transformer le laid en beau, de mettre de la lumière là où il y a l'obscurité. Ici, l'amour transfigure le réel.

❸ Ce qui fait la musicalité de ces vers est d'abord le rythme régulier (les vers sont des sizains c'est-à-dire composés de 6 syllabes), la reprise du vers « Quand on n'a que l'amour » et dont le mot en fin de vers permet des rimes avec « faubourgs » et « velours », créant ainsi une harmonie phonique. On peut relever aussi des assonances en [eu/e/ei] : « meubler, merveilles, de soleil, laideur, velours », des allitérations en [r]/[m]/ [p] et [d] : « l'amour/Pour meubler de merveilles/Et couvrir de soleil/La laideur des faubourgs/Pour habiller matin/Pauvres et malandrins/de manteaux de velours » qui créent un effet d'harmonie au niveau des sons.

❹ « raison/chanson/secours » sont les trois noms qu'on emploie dans des circonstances particulières : le premier renvoie à l'idée de motif, de cause mais aussi à l'idée de but, quand on dit par exemple « tu es ma raison de vivre ». L'amour ici est à la fois la cause et le but. Le second renvoie au partage des mots et d'une musique, à ce qui peut lier les gens, comme le fait de connaître et de chanter ensemble une chanson. Le dernier exprime l'idée de danger qui guette chacun de nous, le fait de se retrouver dans une situation désespérée, de ne plus rien avoir, d'être dans le malheur. L'adjectif repris est « unique », exprimant ici ce qui est exclusif. Dans ces vers, l'amour représente le seul recours face au malheur, la seule raison de vivre.

❺ Le poète veut offrir son amour sous forme de « prière » aux malheurs (« maux ») de la terre, pour que s'apaisent les souffrances. Cette prière sera dite sous forme de poème chanté puisque le poète prend la figure du « troubadour », qui chantait ses textes à l'époque du Moyen Âge. Il veut aussi « offrir » son amour à ces personnes « Dont l'unique combat/Est de chercher le jour », c'est-à-dire qui ne parviennent peut-être pas à trouver leur place dans la société, qui sont pauvres, seules ou qui sont à la recherche d'une raison de vivre. D'autres interprétations peuvent être avancées.

❻ La force de l'amour est de permettre (à chacun) de « tracer » son chemin, c'est-à-dire d'agir librement, de « forcer le destin », ne pas l'accepter comme une fatalité mais être capable de le transformer par sa propre volonté ; le poète n'accepte pas ce qui est/ou doit être imposé, il revendique le libre arbitre, la liberté de se choisir sa voie, son chemin.

❼ L'image du « canon » renvoie à la guerre (le mot « tambour » y fait aussi allusion), à la violence auxquelles le poète oppose l'amour. Sa seule arme est « une chanson » pour « convaincre un tambour ». Réponse libre.

❽ Si l'on n'a rien, à l'exception de l'amour, le monde nous appartient. Le dernier vers commence par « Amis », qui apostrophe les lecteurs/auditeurs et semble constituer une digue de solidarité affectueuse et pacifique contre la violence. De plus, Brel utilise la formule « la force d'aimer » qui souligne que l'amour est aussi un acte de volonté, une posture choisie d'humanisme et de partage.

Léopold Sedar SENGHOR

Découverte

❶ Le texte est composé de 4 strophes (dont 2 composent le refrain). Il s'agit d'un poème.

❷ Le titre est « Spleen » et renvoie le lecteur à la tradition baudelairienne de la poésie : le spleen, mot anglais, traduit la mélancolie, l'ennui, le cafard, le mal-être.

❸ Baudelaire (1821-1867) est considéré comme la figure du poète « moderne ». *Les Fleurs du mal*, reconnu comme un chef d'œuvre de la littérature, est composé de plusieurs parties dont « Spleen et idéal », ensemble de poèmes où s'exprime la double postulation du poète, déchiré entre son désir d'un idéal perdu et la banalité de son quotidien, qu'il nomme successivement « ennui, guignon, spleen ». « Le Spleen de Paris » regroupe des poèmes en prose qui reprennent pour partie des thèmes abordés dans *Les Fleurs du mal*. Senghor était un connaisseur du poète « maudit » ; il s'inscrit donc dans la lignée des grands poètes qui ont marqué l'histoire de la littérature française et mondiale.

❹ Réponse libre. Les strophes 2 et 4 sont identiques. Il n'y a pas de rime systématique.

Exploration

❶ Le « Je » du poète s'adresse une personne désignée par le déterminant possessif « ton » et le groupe nominal « mon amour », rejeté en fin de vers, après la virgule, comme pour marquer l'attention portée à cet être, sujet d'amour, pour le mettre en valeur (il s'agit d'une extraction).

❷ Les verbes sont « assoupir, endormir, murmurer, endormir ». Le poète veut apaiser, calmer (« assoupir ») l'ennui, le « cafard », le mal-être de son amour, il veut « l'endormir » ; il lui fredonne à voix basse, doucement (« murmurer ») une chanson lente, « un vieil air de blues ».
Le blues est une forme musicale, vocale et instrumentale, des Afro-américains, basée sur un rythme à quatre temps. C'est l'une des sources du jazz. Le terme « blues » est l'abréviation anglaise de l'expression *blue devils* (« diables bleus »), qui signifie avoir des idées noires, être triste, malheureux et dans ce sens, fait donc écho au spleen. Ses sources sont à rechercher dans l'histoire de l'esclavage des Noirs aux États-Unis, dans les chants des esclaves qui travaillaient dans les plantations de coton et qui disaient l'inhumanité de leur existence. À cela s'agrège le gospel (la parole de Dieu), chant religieux qui s'inscrit dans le christianisme car beaucoup d'esclaves avaient été convertis à cette religion.
En murmurant cet air de blues à son amour, le poète Senghor dit aussi son ancrage africain, ses affiliations à une histoire, celle de l'esclavage.

❸ La musicalité repose sur le jeu des assonances en [ar/ur], en [or/ou(r)] : « ass**ou**pir/caf**ar**d/am**our**/l'end**or**mir/m**ur**m**ur**er » et sur les allitérations en [m] et [r] qui font entendre un doux murmure, un chant mélodieux et lent : « assoupi**r**/endo**rm**i**r**/**m**u**rm**u**r**er/ai**r**/endo**rm**i**r** ». L'alternance de vers longs et courts impose un rythme lent, soutenu par le jeu des assonances et des allitérations.

❹ On retrouve ce procédé dans la chanson (le refrain). Senghor a sans doute voulu imiter le rythme et le procédé d'une chanson, ici une chanson spécifique, le blues. C'est son affiliation africaine qu'il mobilise et qui lui permet d'adoucir la tristesse de la femme aimée. (cf. réponse à la question 2 d'exploration).

❺ Ce sont des rimes plates (AA/BB) : « mélancol**ique**/nostalg**ique**/indo**lent**/**lent** ». Les deux adjectifs « mélancolique » et « nostalgique » ont en commun le sémantisme de la tristesse, fortement accentuée dans le premier. Dans « nostalgique », s'exprime le regret de ce qui est perdu, du passé, acception qui ne se retrouve pas nécessairement dans « mélancolique ». C'est la palette des nuances de la tristesse et du mal-être qui s'exprime dans ces deux mots, et que ne corrobore pas l'adjectif « indolent », qui renvoie à l'absence de sensation, de sentiment. Le vers 7, « Un blues indolent », contrebalance, par sa forme d'indifférence, la tristesse exprimée jusque-là. C'est la reprise à la fois de la strophe mais aussi de certains mots (« Un blues »), la répétition de la rime en « ique » et « ent » qui produit la musicalité de ces strophes. Il y a également l'allitération en [L] et l'assonance en [an] et les 2 rimes plates des vers 7 et 8.

❻ Senghor emmène le lecteur « ailleurs », en Afrique : « la savane ». Réponse libre. Le poète perçoit la savane comme une personne qui « pleure », telle un être triste, nostalgique, « au clair de lune », un moment sans doute onirique pour lui. Le vers 10 est construit sur un jeu d'opposition entre le nom « l'indolence » qui renvoie à l'idée d'indifférence, d'insensibilité et l'adjectif exprimant l'exact contraire, « dolente ». Il s'agit ici d'une figure de style, l'oxymore, qui associe deux termes contradictoires et crée ainsi un effet inattendu.

❼ Les mots situés en fin de vers ne riment pas. Il y a des **allitérations** en [r]/ [l]/[s]/[p]/[d] et des **assonances** en [en]/[eu/é/ei]/[o] : « **C**e **s**ont **l**es **r**ega**r**ds **d**es vie**r**ges cou**leur** **d**'aill**eur**s, /**L**'in**d**o**l**en**c**e **d**o**l**ente **d**es **cr**é**p**u**s**cu**l**es./**C**'est la **s**avane **p**l**eur**an**t** au cl**air** **d**e **l**une, /Je dis **l**e **l**ong **s**o**l**o d'une mé**l**o**p**ée » ; les mots qui se ressemblent sont : « l'indolence dolente/long/longue ». L'ensemble construit une mélodie, une musicalité qui peut rappeler le blues.

❽ Activité libre.

Gaston MIRON

Découverte

❶ La manière dont sont disposées les 11 lignes (vers) très courtes montre qu'il s'agit d'un poème.

❷ Le titre du texte « Seul et seule » est composé de deux adjectifs qualificatifs au masculin et au féminin, reliés par la conjonction de coordination « et ». Réponse libre. L'emploi des deux adjectifs sans nom peut être interprété comme l'expression de deux solitudes extrêmes.

❸ Réponse libre.

Exploration

❶ Les vers les plus longs sont le premier « Si tant que dure l'amour » et le sixième « si tant que femme s'en va ». Le poète met en parallèle l'amour et la femme mais il oppose la durée de l'un et le départ de l'autre. Le poète évoque sans doute le malheur provoqué par la séparation de l'être aimé.

❷ On s'aperçoit que presque tous les mots sont repris, à l'exception des 2 adverbes de temps « souvent » et « longtemps », de « il fait » et des 2 fragments « dure l'amour » et « femme s'en va » autour desquels s'articule le poème.

❸ Le poète ressent une profonde tristesse exprimée par l'expression « j'ai eu noir » qui signifie « avoir le cafard », il est malheureux. Ce sentiment peut paraître inattendu puisque dans le 1er vers, il parle de « l'amour » qui est là, qui existe.

❹ Le poète ressent encore plus de tristesse (« encore plus noir »). Les groupes de mots répétés sont « encore plus » : ils renforcent l'idée de tristesse, la sensation de froid. Dans les deux situations, ce qui ne change pas pour le poète, c'est son profond mal-être, sa tristesse, sa mélancolie qui ne le quittent pas.

❺ Réponse libre. « Avoir noir » renvoie à « avoir le cafard ». « Broyer du noir »/« voir tout en noir » sont des expressions très imagées. La réponse est libre et dépend de la sensibilité des étudiants.

❻ La dimension poétique de ce texte repose essentiellement sur le procédé de la répétition de groupes de mots (« si tant que »/« j'ai eu », ...), le jeu des reprises, les parallélismes, les effets de chiasme : « tellement toujours/toujours tellement ». Il y a aussi le jeu des sonorités rendu par les allitérations en [t]/[r]/[m] : « Si tant que dure l'amour/noir/froid/tellement/fait encore/toujours » ; des assonances en [an]/[o/ou] : « encore/tellement/amour/toujours ».

❼ Le titre est *L'Homme rapaillé*. L'adjectif « rapaillé » signifie « rassemblé » dans le parler québécois. Il évoque l'idée de réunion, de rassemblement d'éléments épars et l'on peut faire un lien avec le titre « seul et seule » : l'homme et la femme sont réunis, ensemble sur la page, mais chacun dans sa solitude.

❽ Expression libre.

Assia DJEBAR

Découverte

❶ Tout l'extrait est en italique. En fait, dans le roman, ce sont les passages consacrés aux nuits que l'héroïne, Thelja, partage avec son amant français qui sont en italique, indiquant sans doute le choix de Djebar d'attirer l'attention du lecteur sur cette partie du roman. La rupture avec la typographie conventionnelle fait écho à la rupture de l'engagement de Thelja de ne jamais aimer un Français.

❷ Les dialogues alternent avec les passages narratifs. L'écrit proposé est de type narratif.

❸ Les personnages en présence sont Thelja, Algérienne, et son amant français (il s'appelle François). Ils se retrouvent à Strasbourg, ville d'Alsace, région située à l'est de la France, que se sont disputée la France et l'Allemagne au cours de l'histoire. Strasbourg est le siège du Conseil de l'Europe et du Parlement européen. C'est dans cette ville qu'en 842 ont été signés les *Serments de Strasbourg*, pacte entre Louis le Germanique et Charles le Chauve d'une part et leur frère Lothaire d'autre part, qui se disputaient l'immense empire laissé par Charlemagne. Le pacte a été signé dans chacune des langues des adversaires, le français et l'allemand. Ce sont les premiers textes connus écrits dans ces langues. Par son histoire et son présent, la ville de Strasbourg est une ville-symbole dans le roman, symbole des déchirures passées, symbole de la paix actuelle, symbole aussi de son ouverture aux autres, aux autres langues à travers sa dimension européenne. Elle devient alors lieu de retrouvailles et d'union de personnages que l'Histoire a objectivement opposés : Thelja et François ainsi qu'Ewa, Juive algérienne, et son amant allemand.

❹ Le titre du roman est *Les nuits de Strasbourg*. La réponse est libre. Le passage entre guillemets, « Première nuit », correspond à la première nuit que Thelja passe avec son amant français, la première fois qu'ils font l'amour.

Exploration

❶ Thelja cherche à savoir où se trouvait son amant français pendant la guerre d'Algérie. En fait, elle cherche surtout à savoir s'il a participé à cette guerre, comme beaucoup de jeunes gens de sa génération. Elle qui s'était promis de ne jamais aimer un Français veut s'assurer que son amant n'a pas pris part aux combats.

❷ Il n'élude pas la question. Lorsque Thelja parle de guerre, il pense tout de suite à la guerre d'Algérie, la guerre chez elle. Il lui dit qu'il n'était pas là-bas à cette période, mais il ajoute qu'il n'était ni en Alsace, ni même en France, comme si cette précision (l'éloignement du territoire de la puissance coloniale) lui enlevait toute responsabilité, lui permettait d'échapper au moindre soupçon de complicité.

❸ Theja est étonnée que cet homme soit à la fois son amant et français. Son étonnement peut se comprendre car elle vient de rompre la promesse qu'elle s'était faite de ne jamais aimer un Français. Il peut aussi se comprendre par les traces laissées par un conflit si violent qui rendent difficiles, voire impossibles des rapports de tendresse entre les ressortissants des deux pays. Voilà 10 ans (Thelja a 18-20 ans), elle est jeune et sans doute que le souvenir de la guerre est encore trop proche. Pour elle, tout Français porte en lui l'image du colonisateur, l'image aussi du soldat qui a participé à la guerre, qui a tué des Algériens. Cependant, Assia Djebar écrit qu'elle « semble se trouver une mauvaise excuse » lorsque la jeune femme dit : « Je ne t'aurais pas vu vraiment ! ». En fait, sans doute que Thelja décrit une jeune fille très différente de celle qu'elle est maintenant pour mieux supporter sa situation/trahison actuelle. Elle pense aussi qu'à cette époque-là, l'homme ne l'aurait pas « vue », pas remarquée parce qu'il n'était pas libre, qu'il était marié, peut-être aussi n'aurait-il pas fait attention à elle parce que les statuts de colonisateur/colonisé étaient encore très marqués à l'époque.

❹ Il souligne qu'il n'a pas participé à la guerre d'Algérie et apporte des précisions sur ce qu'il faisait à cette époque. Ses phrases ne sont plus négatives, comme dans sa deuxième réplique. Là, il est dans l'affirmation : « je me trouvais à Munich/Je cherchais ». Il donne des dates, des lieux. On a l'impression que les paroles de Thelja lui importent peu, que sa question : « Où étais-tu alors… ? » lui a seulement permis de se remémorer son passé, un passé dont elle était absente et dont le rappel l'exclut aussi. Il semble parler pour lui-même, comme si elle n'était pas à ses côtés. La solitude s'est glissée entre les amants. Ce sont ces précisions qu'apporte la phrases : « Il rêve (…) repartie. »

❺ Les points de suspension sont largement utilisés, qui traduisent les hésitations des amants, leur recherche des mots qui expriment ce qu'ils pensent ou ressentent. Les points d'exclamation sont aussi très nombreux (surtout chez Thelja) et soulignent la dimension affective des propos tenus. Les points d'interrogation marquent les questions que se posent les deux personnages dans un échange direct. Les passages entre parenthèses donnent des indications sur la manière de parler, les sentiments, les attitudes des amants et jouent le rôle des didascalies dans une pièce de théâtre. L'association de ces nombreuses ponctuations et des passages entre parenthèses produit des ruptures dans la narration, des effets d'essoufflement, comme si les personnages avaient du mal à se parler, comme si chacun, en interrogeant le passé, avait des difficultés à se trouver, à établir une véritable communication. La narration est donc hachée, heurtée et avance par à-coups, au rythme des souvenirs, des questions, des sentiments de l'Algérienne et du Français.

❻ Ce que font les deux personnages :
– l'amant :   * Ses mains tâtonnent, la serrent à nouveau, la lâchent.

	* il a comme une absence, il ajoute très vite, avec un accent…
	* Machinalement, il la cherche, la serre dans une étreinte.
	* Il rêve dans le noir comme s'il n'avait pas entendu sa dernière répartie
	* Il s'arrête ; ses bras, encerclant l'amante, s'immobilisent.
– l'amante :	* Elle reste recroquevillée en partie sur lui, pèse sur lui de tout son poids et chuchote
	* Sa question est impérieuse.
	* … qui la surprend
	* Elle se laisse caresser jusqu'à la taille : son torse, surgi hors des draps, reçoit un rayon de lune inopiné…
	* Elle s'étonne
	* Elle rêve.
	* Elle rit, semble se trouver une excuse de mauvaise foi.
	* Elle a un mouvement heurté du bras. Elle se reblottit sous le drap.

Les deux amants « rêvent », chacun à des choses différentes, chacun pour soi. Ensemble, ils restent cependant solitaires. L'homme semble plus actif, comme l'indiquent les verbes d'action : « il la cherche, la serre dans une étreinte/ses bras, encerclant l'amante, s'immobilisent. » Elle, semble plus passive : « Elle reste recroquevillée en partie sur lui, pèse sur lui de tout son poids et chuchote/Elle se laisse caresser jusqu'à la taille/son torse, surgi hors des draps, reçoit un rayon de lune inopiné/Elle se reblottit sous le drap. » Elle donne l'impression de chercher un appui, une protection. Cependant, ces rôles conventionnels ne sont pas aussi tranchés : c'est la femme qui reste intellectuellement présente : elle questionne de manière impérieuse, est surprise, s'étonne, rit, se trouve une excuse, même de mauvaise foi. Pendant ce temps, l'homme ne fait que rêver et s'abîmer dans ses souvenirs. Elle est présente, lui est absent car son passé l'absorbe.

❼ C'est le langage du corps qui rapproche les deux amants. Au-delà des mots, il y a les envolées de la sensualité qui anéantissent tout discours, politique, moral, philosophique. Assia Djebar veut sans doute montrer que les tragédies de l'Histoire, les haines et les différences instrumentalisées par les impostures politiques ne peuvent rien contre l'amour, l'ivresse des corps. S'aimer, faire l'amour, c'est transcender le poids de l'Histoire, faire l'expérience de l'altérité et conquérir sa liberté d'humain.

❽ Réponse libre.

Ibrahim SOUSS

Découverte

❶ Réponse libre. Il peut faire penser au printemps, la saison nouvelle qui correspond à la renaissance de la nature, au retour des oiseaux migrateurs.

❷ L'histoire se passe à Jérusalem [al Qods], en 1948, date symbolique puisqu'elle correspond à la création de l'État d'Israël.

❸ Il y a Salomé, une Israélienne, et Bahgat, un Palestinien. En 1948, ils se sont rencontrés puis aimés mais la situation (création de l'État d'Israël et la contrainte de quitter leur terre pour une partie du peuple palestinien) les a séparés. Plus tard, ils se retrouvent sur la plage, un endroit où ils se voyaient autrefois. Réponse libre.

❹ Réponse libre.

Exploration

❶ Dans sa première réplique, Bahgat parle d'un homme, un « officier dans l'armée, affecté aux brigades spéciales qui luttent contre l'*Intifada*. » qui « a ordonné de tirer » sur son fils. Il veut savoir s'il fait partie de la famille de Salomé, vraisemblablement pour se rassurer (si Salomé lui répond négativement), pour que cesse l'angoisse du doute, que la réponse soit affirmative ou négative.

❷ Salomé réagit immédiatement aux propos de Bahgat : son visage devient « pâle », elle arrive à peine à articuler les mots qu'elle prononce (« s'étrangla »), elle est « comme assommée » et Bahgat croit « la voir s'évanouir » tellement elle se sent mal car elle a compris de qui parlait l'homme. Elle pense immédiatement à son fils, « Schlomo ».

❸ Lorsque Bahgat demande à Salomé de confirmer qu'il s'agit bien de son fils, de lui donner le nom du « corps d'armée » dont il fait partie, elle n'arrive pas à « répondre ». Elle est sous le choc de ce qu'elle vient de comprendre et elle pleure (« De grosses larmes roulaient sur ses joues. ») Pour elle, c'est la situation qui est impossible, qui est insupportable, tragique puisque Schlomo est le fils qu'elle a eu avec Bahgat. Ce dernier s'énerve, devient violent : il la prend par le chemisier, la secoue. Il ignore qui est Schlomo. Réponse libre.

❹ Bahgat s'excuse à l'avance de ce qu'il va faire (« je suis désolé »), puis il explique à Salomé qu'il ne peut pas laisser vivre Schlomo ; il va donc le tuer pour venger son fils tué. Bahgat ne recourt pas à la justice sociale. Il est dans la vengeance, la justice personnelle (c'est la loi du talion : œil pour œil, dent pour dent). Réponse libre.

❺ Bahgat ne bouge plus, il devient comme une pierre (« restait pétrifié ») parce que Salomé lui dit que le soldat qui « a ordonné de tirer » sur son fils n'est autre que son fils, celui qu'ils ont conçu ensemble, il y a des années, lorsqu'ils étaient amants. Elle raconte ensuite que son mariage a été un mensonge. Elle espère que Bahgat, en apprenant la vérité, changera d'avis, ne mettra pas sa vengeance à exécution.

❻ Salomé se moque si les passants entendent ce qu'elle dit au Palestinien. La société, le jugement des autres a toujours réglé la vie des Israéliens et des Palestiniens, a empêché les deux amoureux de s'aimer librement.

❼ La dimension poétique des deux dernières phrases, « Le **v**e**n**t **p**ortait sa **v**oix le l**on**g de la **p**lage, couv**ran**t le ressac. L'écho s'en **p**erdit dans les **v**agues. » est manifeste d'abord par le champ lexical du bruit : (« vent, voix, ressac, l'écho, vagues »), puis par l'allitération en [v]/[p] et l'assonance en [an/on].

❽ Le drame qui s'est joué entre Salomé et Bahgat est symbolique et représentatif du conflit israélo-palestinien, depuis 1948, date de la création de l'État hébreu. Près de soixante ans plus tard, aucune solution n'a été trouvée afin que les deux peuples vivent en paix.

Mohamed DIB

Découverte

❶ Le titre est *La grande maison*. Réponse libre.

❷ L'histoire se passe en Algérie, dans les années 1930 ; le pays était alors colonisé par la France. Les personnages sont le jeune narrateur Omar, sa mère Aïni : ils vivent pauvrement avec d'autres locataires à Dar-Sbitar, une grande maison. En arabe, « dar » signifie « la maison » et « sbitar » signifie, « l'hôpital, l'hospice » en langue berbère.

❸ L'Algérie est colonie française jusqu'en 1962. La population autochtone est majoritairement pauvre et peu scolarisée.

❹ Le texte est écrit à la troisième personne. C'est à travers le regard du jeune Omar que l'histoire est racontée.

Exploration

❶ Le constat que fait Aïni, la mère du narrateur, est que les gens de Dar-Sbitar sont « des pauvres ». Plus loin, elle ajoute qu'ils sont « nombreux » et incapables de compter « pour dire notre nombre » parce qu'illettrés. Mais ce qu'ajoute la mère d'Omar peut aussi signifier qu'il est impossible de les compter car ils sont trop nombreux. Aïni part d'un constat, leur pauvreté à Dar-Sbitar, et élargit sa constatation à l'ensemble des pauvres, qui est innombrable.

❷ « Nous » représente Aïni et tous les habitants de Dar-Sbitar. Au constat de la mère, Omar pose la question : « Mais pourquoi sommes-nous pauvres ? » qui indique déjà une prise de conscience car il se questionne sur la cause. Personne ne « donne » de réponse, mais « les uns et les autres » invoquent parfois la fatalité, le poids du destin (le « mektoub » : « C'est notre destin/Dieu sait »). Les pauvres donnent l'impression de ne pas être dans le raisonnement. Ils recourent aux coutumes, aux lois de la tradition, à Dieu. Réponse libre.

❸ C'est « riches » qui s'oppose à « pauvres ». La réflexion d'Omar, « Il y **a** aussi les riches ; ceux-là **peuvent** manger. Entre eux et nous **passe** une frontière, haute et large comme un rempart » est intéressante à plusieurs niveaux : le temps utilisé est le présent marquant ici une vérité, un constat duratif ; il oppose les pauvres et les riches que tout sépare socialement : les uns peuvent manger, les autres crèvent de faim. Le mur qui sépare les deux catégories est un mur mental, qui n'existe que dans les esprits des gens, mais aussi objectif, qui fait la différence entre ceux qui mangent à leur faim et les autres, entre ceux qui vivent correctement et ceux qui survivent péniblement dans la misère. Cette frontière n'est pas franchissable, les deux catégories ne se mélangent pas, n'ont aucun contact entre elles et surtout les pauvres ne peuvent franchir ce « rempart » et accéder à une vie meilleure.

❹ Face à l'attitude défaitiste, fataliste des adultes, Omar oppose une tout autre attitude : il ne se contente pas de ce que disent les grandes personnes, il veut savoir, comprendre l'origine de leur misère ; il se demande si « les grandes personnes » connaissent « la vraie réponse », si elles se taisent (« la tenir cachée ») à cause de la peur ; il les considère comme des enfants (« la puérilité »). Omar a un jugement éclairé et c'est sans doute l'auteur qui parle à travers lui. Il devine les « secrets » des grands. Si les grandes personnes ne disent rien (« tenaient leur langue »), c'est parce qu'elles ont peur. Ce sont les personnes pauvres, nombreuses, fragiles, qui ne peuvent se défendre, qui ont peur de dire leur misère et qui s'en tiennent à des réponses données par la religion. En fait, elles subissent un ordre social injuste, inique où les dominants sont inatteignables (l'image du rempart), protégés par leur richesse, mais aussi protégés par les croyances des pauvres qui sont persuadés que leur situation est un destin voulu par Dieu.

❺ L'auteur emploie les temps du récit (imparfait/passé simple) et le présent de narration : dans le premier cas, l'imparfait marque l'habitude (« déclarait souvent... ») ; il renvoie au moment où les paroles ont été dites (« l'affirmaient aussi ») ; mais c'est surtout l'emploi du présent qui attire l'attention : il est utilisé pour rapporter au discours indirect libre les dires, l'opinion des pauvres (« C'est notre destin/Dieu sait ») ou les pensées, le commentaire du jeune Omar (« Mais est-ce une explication, cela ? »/ « Non... »/« Il y a aussi ...rempart. »/« Et personne ne se révolte (...) simple ! »). Mohamed Dib mêle les temps, les discours à des fins stylistiques : il rend ainsi mieux compte de la pensée en gestation d'Omar, symbole ici de la prise de conscience de la nation algérienne.

❻ Face à leur quotidien, à leur vie, les gens de Dar-Sbitar acceptent tout, « personne ne se révolte » contre l'injustice imposée au pauvre, à celui qui ne possède rien. Ils n'ont même pas la capacité de compter, donc la capacité de se compter et de savoir combien ils sont vraiment nombreux. S'ils avaient cette capacité, ils sauraient qu'ils sont une force et pourraient s'organiser pour renverser leur destin social. Omar ne comprend pas pourquoi les gens acceptent cette injustice, il pense que « c'est simple » de refuser, de se révolter, de crier sa colère. Omar est dans le questionnement (pourquoi), la volonté de savoir, la possibilité du refus et de la révolte.

❼ Même si l'histoire racontée se passe dans les années 1930, Mohamed Dib écrit en 1952, quelques années avant la guerre de libération (1954-1962) ; il s'agit pour lui de dénoncer toutes les injustices sociales subies par le peuple algérien, la misère, les séparations entre les riches (dont les colons français) et les pauvres, les oubliés, à travers le regard faussement naïf du jeune Omar, symbole du cheminement du peuple algérien vers une lente prise de conscience de sa condition.

Jacques-Stephen ALEXIS

Découverte

❶ L'histoire se passe à Port-au-Prince, capitale d'Haïti : le premier ministre donne une fête. L'île a conquis son indépendance en 1804, grâce au général noir Dessalines. C'est la première République noire au monde. Auparavant, Toussaint Louverture, esclave noir affranchi, avait déclaré l'autonomie de l'île en 1801, dans le cadre de la République française et en était devenu Gouverneur général. Arrêté par les troupes de Napoléon qui avait envoyé dans l'île 20 000 hommes afin de restaurer l'autorité de la France et de rétablir l'esclavage (aboli le 4 février 1794), il est emprisonné au fort de Joux (en Franche-Comté) où il meurt en 1803.

❷ Réponse libre. Ce sont des personnalités proches du pouvoir en place qui participent à la fête.

❸ Le titre est *Compère Général Soleil*, titre assez déstabilisant. On constate que « compère », qui a une connotation de convivialité, en France comme en Haïti (c'est le compagnon, le camarade) concerne un « Général », c'est-à-dire un haut gradé dans l'armée. Il est surprenant que l'on traite ce type de personnage de « compère », à moins qu'ici ce terme ne signifie « un complice, un individu qui abuse et trompe les gens », auquel cas le « Général » serait soit un trompeur, un manipulateur. Quant à « soleil », qui semble caractériser ce « compère général », il fait peut-être écho au soleil d'Haïti. Le soleil apporte la vie, mais il peut aussi être destructeur. Réponse libre.

❹ L'autre classe sociale qui « participe » est celle des pauvres, appelée dans le texte le « vulgaire », la « foule », le « peuple », des personnes non désirées. Le contraire du « vulgaire » est « bourgeois » (« les jeunes bourgeois »).

Exploration

❶ C'est la fête, des couples dansent dans les jardins, d'autres boivent. L'adjectif « gris » est d'abord employé pour qualifier la couleur du ciel (« un jour gris »), puis pour rendre compte de l'état dans lequel sont les gens qui ont trop bu : être gris veut dire être ivre, soûl.

❷ Le « vulgaire » se rassemble « derrière les grilles », objet qui symbolise la séparation entre le monde des riches, proche du pouvoir et celui des pauvres, qui subit ce pouvoir. Les premiers se retrouvent dans une vaste demeure, dansent et boivent dans les jardins, au vu de tous, les autres sont dehors, dans la rue.

❸ Le « vulgaire » voit des choses à manger, des « tables chargées de mets et de boissons », les beaux vêtements des invités (« robes merveilleuses », les « tenues de soirée »). Le peuple s'énerve, les femmes disent « qu'on ne trouve presque plus rien à manger » alors que les bourgeois mangent beaucoup, s'empiffrent et vont même jusqu'à vomir. La foule gronde, crie sa colère et sa révolte contre cette injustice.

❹ Ce sont des phrases exclamatives qui traduisent à la fois la colère et la révolte des pauvres : « Bande de voleurs ! /C'est scandaleux ! ».

❺ Le peuple accuse les bourgeois de faire la fête, avec l'argent des pauvres (ils mangent cet agent) alors que ces derniers n'ont rien à manger. Alors que le pays doit être dans une période difficile, qu'on ne trouve plus ce qui est nécessaire pour vivre, les bourgeois font comme si de rien n'était.

❻ Dans cette phrase, l'auteur utilise le discours indirect libre pour rendre compte de l'état d'esprit des gens organisés autour de la grille ; il est renforcé par « ça », démonstratif qui renvoie au discours oral. C'est la voix du peuple qui est entendue. L'expression « ...à sentir la manifestation » n'est pas littéraire et renforce le caractère oral de la phrase.

❼ Les grands mulâtres sont descendants de Noirs, souvent esclaves, et de Blancs. Ceux dont il est question dans l'extrait sont proches du pouvoir, ont des postes importants. Ils font partie de la classe des dominants. Le « vulgaire », c'est le peuple, les pauvres, les descendants d'esclaves noirs que les « grands mulâtres » méprisent, dominent, oppriment et qu'ils n'hésitent pas à faire molester par les gendarmes. La réalité historique et sociale d'Haïti est extrêmement complexe. À titre d'exemple, puisque nous évoquons la période de libération du pays du joug colonial et de l'esclavagisme, en juin 1799, alors que Toussaint Louverture est en voie de gagner son combat, libérer tous les esclaves et assurer l'égalité pour tous, les Mulâtres ne supportant pas l'influence grandissante des Noirs, se révoltent et font couler un bain de sang. Toussaint Louverture parviendra à endiguer cette folie meurtrière. En 1801, ce sont des Noirs qui égorgent 200 Blancs. La question n'est pas exclusivement « raciale », même si elle peut être exploitée par certains sous cet angle, elle est d'abord et avant tout sociale, chacun essayant de préserver ses privilèges ou d'en gagner. Être Noir, Mulâtre ou Blanc n'est pas une essence. Pour apporter des éléments de réponse à la dernière partie de cette question, il faut engager les étudiants à faire des recherches (livres d'histoire, biographies, articles sur Internet…).

❽ Activité libre.

Agota KRISTOF

Découverte

❶ La disposition des noms repris à chaque début de ligne indique qu'il s'agit d'un texte de théâtre.

❷ Le titre de l'œuvre est *John et Joe* ; les deux prénoms correspondent à ceux de l'extrait. Ce sont les personnages éponymes de la pièce. Réponse libre. *L'Heure grise* peut signifier le moment incertain entre le jour et la nuit et/ou un moment de tristesse. *Autres pièces* signifie que d'autres histoires sont présentes dans le recueil. Réponse libre.

❸ John et Joe sont des copains. Ils se retrouvent sur « une terrasse de café ». C'est sans doute un moment de détente pour eux, pendant lequel ils échangent sur leur vie quotidienne, sur les événements du monde…

❹ Pourquoi certaines personnes ont de l'argent et pourquoi d'autres n'en ont pas, est le principal sujet de conversation de John et Joe. Leur discours est constitué de phrases affirmatives (celles de John) ou interrogatives (celles de Joe), simples, courtes et dont la construction grammaticale ne respecte pas toujours la norme (« pourquoi ils n'en ont pas ? » pour « pourquoi n'en ont-ils pas ? »), la reprise qui marque l'insistance (« Et à leurs pères, d'où venait-il cet argent, à leurs pères ? »). Le vocabulaire est répétitif et parfois d'un niveau de langue familier (« ça/Ben »).

❺ Il y a 18 répliques et le mot le plus répété est « argent » (9 fois).

Exploration

❶ Joe s'interroge sur « les gens qui ont de l'argent », qui le dépensent mais en ont toujours quand même, ce qui le surprend, et sur les pauvres, ceux qui n'ont jamais rien. Il veut savoir d'où vient cet argent. Sa volonté de comprendre est soulignée par de nombreuses répétitions de mots (le verbe « venir »), de groupes de phrases : « des gens qui ont de l'argent »/« pourquoi ils n'en ont pas ») qui rendent compte de son insistance, de son obsession.

❷ Dans sa deuxième question (« Et d'autres… »), Joe pense aux personnes de classe sociale défavorisée, aux pauvres. Pour John, il n'y a rien à comprendre : il y a ceux qui ont de l'argent parce qu'ils en ont et ceux qui n'ont rien parce qu'ils n'ont rien. Ses deux réponses sont construites grammaticalement sur la même structure, l'une est affirmative (« Ils en ont, c'est tout ») et l'autre négative (« Ils n'en ont pas, et c'est tout ») ; on remarque la reprise de la seconde partie de la phrase. Les réponses de John ne sont ni satisfaisantes ni convaincantes. Il ne répond pas à la demande de Joe.

Pour lui, c'est comme s'il n'y avait aucune explication au fait qu'il y ait des riches et des pauvres.

❸ Les verbes répétés sont « vient/venait » : Joe cherche à comprendre la provenance exacte de l'argent : « Il vient bien de quelque part cet argent, non ? »

❹ Pour John, l'argent vient du père et le fils/la fille/les enfants en héritent. Finalement, il dit qu'il n'en sait rien, que celui qui a de l'argent l'a obtenu en travaillant. À la question de Joe : «... au premier père riche, cela lui venait d'où ? »), John ne répond pas vraiment. Il dit qu'il ne sait pas, qu'au commencement, « avant qu'il y ait un père qui a de l'argent... », quelqu'un (« Il ») « a sûrement travaillé ». Il ne donne aucun argument qui explicite l'origine de l'argent des personnes riches ; pour lui, la seule explication est celle du travail.

❺ Joe déconstruit le point de vue de John en lui disant qu'il connaît des « gens qui travaillent toute la journée » et qui n'ont pas d'argent, « juste de quoi manger ». Il s'appuie sur le fait incontestable qu'« on ne peut pas travailler plus que toute la journée » pour espérer gagner plus.

❻ Joe a travaillé (« De temps en temps. Oui. Quand j'étais jeune. ») mais il n'a pas gagné suffisamment d'argent. Cependant, il sait, est persuadé, a constaté que ce n'est pas « en travaillant que l'on gagne beaucoup d'argent. » ; donc, vraisemblablement, en fonction de ce constat, il a cessé, définitivement de travailler. Comme il n'était pas héritier, il reste pauvre. Cependant, entre le fait d'être né pauvre et de travailler pour rester pauvre, et le fait d'être né pauvre et de rester pauvre en ne travaillant pas, il a choisi. Réponse libre.

❼ Activité libre.

Michel TREMBLAY

Découverte

❶ La disposition et la reprise des noms indiquent qu'il s'agit d'un texte de théâtre. Les personnages (des femmes) sont Nana, Albertine et Victoire.

❷ Le titre de la pièce est *Bonbons assortis au théâtre*. Il est vraiment déstabilisant. Il pourrait s'apparenter à un jeu surréaliste avec les mots. Que les bonbons soient associés au théâtre peut se comprendre puisqu'à l'entracte, des friandises sont souvent vendues. Que ces « bonbons » soient « assortis », c'est-à-dire qu'ils sont en harmonie avec le théâtre est une association difficile à expliciter, donc libre d'interprétation. Réponse libre.

❸ La scène se passe au Canada, à Montréal, dans les années 1940. Il y a quatre personnages : le narrateur qui est un petit garçon caché sous la table (sans doute pour épier, entendre ce que disent les grandes personnes), sa mère Nana, sa tante Albertine, sa grand-mère Victoire. Le terme « narrateur » apparaît seulement dans les récits (romans) et non au théâtre. Tremblay prend des libertés et mélange les genres littéraires.

❹ Les femmes sont nerveuses parce qu'elles n'ont pas d'argent pour offrir un cadeau à leur voisine qui se marie. Elles sont pauvres et ressentent peut-être de la honte. Elles ont peur d'être jugées, de passer pour des gens qui n'ont rien. Ces femmes sont d'une condition sociale modeste, voire pauvre.

❺ Réponse libre. Tremblay reproduit le parler populaire (le joual) québécois, l'oralité des échanges entre les protagonistes.

Exploration

❶ Nana propose d'abord un cadeau peu cher, qui ne coûte pas beaucoup d'argent : « quequ'chose à une ou deux piasses », mais elle change tout de suite d'avis car elle prend conscience qu'offrir un cadeau qui ne vaut pas cher risque de la mettre dans une mauvaise situation : passer pour quelqu'un de pauvre, ce qu'elle refuse. Pour elle, on peut être pauvre, la pauvreté se vit, mais il ne faut pas que les autres le voient.

❷ La famille Allard n'est pas plus riche que celle de Nana (« Les Allard sont pas plus riches que nous autres ») mais elle *sait* ne pas le montrer ; cependant, de leur côté, Nana et les autres savent aussi faire semblant de ne pas voir. Pour Nana, il faut adopter la même attitude, faire exactement comme les Allard.

❸ Le groupe de mots répété est « cadeau trop beau ». Nana considère le cadeau offert par les Allard à Thérèse quand elle s'est mariée « trop beau » mais elle veut faire la même chose pour sauver la face.

❹ Albertine dit que le cadeau n'était pas du tout beau (« Y'était pas beau pantoute ») et Victoire le trouve « très laid ». Pour Nana, ce n'est pas l'esthétique, la beauté qui compte dans le cadeau mais son prix : plus le cadeau est cher, moins il sera critiqué et surtout on ne pensera plus à la pauvreté de ceux qui l'ont offert.

❺ Le parallélisme « on a pas de quoi faire semblant qu'on est <u>riches</u> » et « on n'a même pas de quoi faire semblant qu'on est <u>pauvres</u> », le jeu de mots entre ce que dit Victoire (il n'y a rien sur la table) et le mot « riches », le juron d'Albertine « Jésus-Christ ! » provoquent le rire du lecteur/spectateur sans pour autant faire oublier le caractère tragique de cette situation vécue au quotidien.

❻ Le mot qu'Albertine n'aurait pas dû dire est « Jésus-Christ » car elle a employé ce nom qui appartient au vocabulaire de la religion comme n'importe quelle injure. Elle mêle le domaine sacré et le quotidien le plus trivial. De plus, le petit garçon est caché sous la table et peut entendre et répéter à son tour ce mot comme une injure.

❼ Albertine utilise un langage à la fois familier et vulgaire pour parler du petit garçon : elle en parle comme s'il s'agissait d'un animal (un chien) en train de respirer, de « renifler » une partie de sa jambe : elle file la métaphore en comparant sa jambe à un morceau de viande de vache, de veau puisque le « jarret » est davantage utilisé pour parler des animaux. Pour elle, le petit garçon finira par devenir un « renifleur de caleçons », image triviale qui veut dire qu'il met son nez là où il ne faut pas. Réponse libre. Le parler d'Albertine reflète sa condition sociale : vocabulaire restreint, souvent trivial, familier.

❽ Michel Tremblay donne la parole aux petites gens, au monde ouvrier, aux personnes ordinaires, à ceux auxquels la littérature ne donne pas droit de cité. Il a lui-même grandi dans un quartier populaire et est sans doute resté sensible aux personnes de condition modeste. Mais l'originalité de son théâtre est l'emploi du « joual » (c'est la prononciation déformée du mot « cheval ») qui se caractérise par une prononciation spécifique, par des mots copiés sur l'anglais, le vocabulaire des jurons (que les Québécois appellent des « sacres »), le style oral, le respect du parler populaire.

Tahar BEN JELLOUN

Découverte

❶ Réponse libre. Le titre évoque le départ, le changement de lieu, un rêve, un désir de partir.

❷ Les personnages sont une jeune fille de 14 ans, Malika, et son père ; l'histoire se passe au Maroc, dans la ville de Tanger. Le père a retiré sa fille de l'école, il l'a empêchée de suivre ses études car il ne considère pas l'école, l'instruction, comme des valeurs, comme quelque chose d'important. Réponse libre.

❸ Malika travaille dans une « usine hollandaise » : elle doit sans doute être employée comme ouvrière.

❹ Lisez le texte. Quelles sont vos premières impressions ?
Réponse libre.

Exploration

❶ Le comparatif « comme » est repris 4 fois (« comme sa copine, comme sa voisine, comme sa cousine, comme des centaines de filles »). Malika est comparée à sa copine Achoucha, à sa voisine Hafsa, à sa cousine Fatéma et à beaucoup d'autres filles ; cette répétition met l'accent sur le nombre important de filles dont le point commun est de décortiquer des crevettes dans l'usine hollandaise située sur le port. L'effet est lancinant et met l'accent sur la situation des filles pauvres.

❷ Les filles décortiquent les crevettes dans une usine, « jour et nuit », c'est-à-dire qu'elles travaillent continuellement et sont « payées une misère », donc très peu. Le travail fatigant prend tellement de temps que les jeunes filles n'ont pas de loisirs, ni de moments de repos. Elles sont devenues des machines reproduisant les mêmes gestes, mécaniques. De plus, elles sont très jeunes, elles n'ont pas la vie normale des adolescentes.

❸ Le parcours est le suivant : les crevettes sont d'abord pêchées en Thaïlande (Asie) et sont transportées aux Pays-Bas (Europe) où elles sont traitées pour être conservées, puis elles sont mises dans des camions frigorifiques qui les apportent ensuite sur le port de Tanger (Afrique) où elles sont décortiquées pour repartir enfin « vers une dernière destination » afin d'être mises en boîtes puis vendues en Europe. Finalement, les crevettes, après avoir fait le tour de plusieurs continents, arrivent en Europe, où les gens de ces pays riches peuvent les consommer. Ce ne sont pas les pauvres, ceux qui les ont décortiquées, qui pourront se payer le luxe de les manger.

❹ Malika est consciente de la difficulté dans laquelle elle se trouve : le travail pénible de l'usine lui abîme ses doigts qui sont « devenus quasi insensibles », roses et lui font mal. Elle se plaint d'avoir froid, d'avoir mal au dos ; elle constate que la plupart des filles ne restent pas plus de 6 mois à l'usine et repartent malades : certaines ont « les doigts rongés par l'eczéma », d'autres sont atteintes de pneumonie.

❺ L'usine, qui représente le temps actuel de la jeune fille, est opposée à l'école, un moment passé, fini, qui n'existe plus. Malika regrette l'époque où elle allait à l'école, se promenait, était libre de circuler, d'aller sur la terrasse pour regarder la mer, rêver. La phrase « Elle faisait des gestes mécaniques et ne perdait pas de temps » décrit sa situation présente, ce qu'elle fait à l'usine : elle est devenue un robot, une machine qui répète les mêmes gestes, ne pense plus.

❻ La phrase qui évoque le rêve de Malika est « Mais son rêve, celui de partir, de travailler et de gagner de l'argent, était devenu dérisoire. » Le rêve de la jeune fille, son désir, a été de « partir », de travailler pour gagner de l'argent. Mais il est devenu « dérisoire », sans importance, irréalisable. Sa vie difficile, le peu d'études, en ont décidé autrement. Réponse libre. Malika peut espérer trouver un autre travail, changer de situation. Mais que peut-elle sans diplôme ?

❼ Tahar Ben Jelloun s'attaque à l'exploitation des enfants qui travaillent dans des conditions très dures, sont mal payés, et par conséquent n'ont pas de vie d'enfant (aller à l'école, s'instruire, vivre normalement…). Mais il n'épargne pas non plus les parents qui retirent leurs enfants de l'école afin qu'ils travaillent et rapportent un peu d'argent à la famille. Cette situation n'est pas propre au Maroc ; en Amérique du Sud, en Asie, en Afrique, de nombreux enfants travaillent parfois dès leur jeune âge, plus de 12 heures par jour.

Isabelle EBERHARDT

Découverte

❶ Isabelle Eberhardt est née en Suisse. Elle passe une partie de sa vie en Tunisie et en Algérie, où elle mourra à l'âge de 27 ans. Elle a écrit des nouvelles inspirées de son vécu (*Yasmina*) et des récits de voyage.

❷ Le titre est *Sud Oranais*, un lieu situé dans le Sud-Ouest algérien, aux portes du désert, près de la frontière marocaine.

❸ Le mot « *Mektoub !* » est à la fois entre guillemets et en italique pour attirer l'attention du lecteur ; c'est un mot qu'Isabelle Eberhardt écrit de façon phonétique puisque *mektoub* est un mot arabe voulant dire le destin, ce qui est écrit et qui doit arriver.

❹ Réponse libre. L'auteure évoque sa solitude dans le désert mais aussi au milieu des humains (les Algériens), sa souffrance et la liberté d'être ce qu'elle a choisi d'être, elle, l'étrangère.
Le paragraphe 1 (« J'étais seule (…) éloignement ») constitue le premier mouvement. Isabelle Eberhardt parle d'elle comme étant une personne seule, étrangère, sans attache. Le second va de « À cette heure (…) un bien. » (Les 6 paragraphes suivants) : la solitude parmi des êtres humains et sa lucidité, la prise de conscience du prix à payer pour être libre. Les deux derniers paragraphes (« Un souffle chaud (…) des Eaux ») représentent le 3ᵉ mouvement : ici, l'auteure évoque de manière poétique le plaisir ressenti dans la nuit, dans le désert.

❺ Elle écrit le soir, en été (« la nuit d'été »).

Exploration

❶ Le pronom personnel est « Je » ; il renvoie à la narratrice, Isabelle Eberhardt. Le mot (adjectif) qui lui est associé est « seule ». L'auteure éprouve ce sentiment lorsqu'elle se retrouve seule dans un lieu éloigné (« coin perdu »), seule *partout* où elle avait vécu et *partout* où elle irait.

❷ Les causes de ce sentiment sont le fait qu'elle n'a ni « patrie » (pas de pays), ni « foyer » (pas de maison) ni famille, symboles de stabilité ; elle n'a aucune attache. Elle se compare à « un étranger » et à « un intrus », c'est-à-dire quelqu'un qui n'est pas désiré, qui n'est pas attendu. Elle insiste sur la méfiance, le rejet qu'elle a suscités autour d'elle : « n'éveillant autour de moi que réprobation et éloignement ». L'accueil qui lui a été réservé était froid, distant, voire hostile. Ce texte peut être mis en écho avec celui de Jabès. Réponse libre.

❸ Au moment où elle écrit « À cette heure », Isabelle Eberhardt « souffre », loin de tout ce dont elle peut avoir besoin. Elle est « parmi des hommes qui assistent » sans aucune émotion (« impassibles ») à tout ce qui détruit (« la ruine »), ce qui les entoure, « qui se croisent les bras », manifestant leur impuissance, acceptant la fatalité. Face à « la mort et la maladie », ils disent « Mektoub », signifiant que rien ne peut être fait pour empêcher ce qui arrive. Pour elle, ces hommes pensent que tout est écrit, qu'il y a un destin, une prédestination, ce qui explique qu'ils ne réagissent pas.

❹ Finalement, Isabelle Eberhardt en arrive à la conclusion que personne, sur « aucun point de la terre » aucun être humain ne pense à elle, d'où le sentiment de solitude absolue présent dans ces 3 premiers paragraphes, et renforcé par la reprise de l'idée de souffrance : « ne *souffrait* de ma *souffrance*. » Personne ne peut se mettre à sa place, ni comprendre ce qu'elle vit. Réponse libre.

❺ Si l'auteure est seule, c'est parce qu'elle l'a voulu. Elle a choisi en toute conscience cette situation (« je l'avais voulu aux heures conscientes où ma pensée… »). Elle a fait ce choix pour se détacher du commun des mortels, de tout ce qui lui paraît vulgaire, l'amour (« ma pensée s'élevait au-dessus des sentimentalités lâches du cœur »), la sensualité (« et de la chair… »). Pour elle, la solitude est synonyme de liberté et cette liberté « était le seul bonheur nécessaire à (s)a nature. » Elle en arrive donc à la conclusion que la solitude est quelque chose de bien.

❻ Les effets physiques : la tête de la narratrice retombe sur l'oreiller ; elle ne sent presque plus son corps qui devient néant (« mon corps s'anéantissait »), mais cette sensation lui procure un bien-être quasi sensuel (« un engourdissement presque voluptueux ») ; ses membres deviennent « légers », « comme inconsistants », c'est-à-dire comme s'ils n'existaient plus. Il y a, dans les propos d'Isabelle Eberhardt, cette idée de légèreté, de presque disparition du corps que produisent à la fois le lieu et le moment, la nuit du désert, faite de « chaleur », de « fièvre » et d'« angoisse ».
Les effets spirituels : « Mon esprit quitta mon corps et s'envola de nouveau vers (…) Eaux ». Ce sont des effets de dissociation du corps et de l'esprit que produisent à la fois le moment et le lieu, mais aussi le profond sentiment de solitude dans lequel se trouve la narratrice. De plus, elle est dans un espace, le « Sud Oranais » dans lequel se développe sa quête existentielle, mais dans lequel aussi les hommes sont peu accueillants parce, pour eux, au regard de leur culture et de leur religion, l'islam, l'autre, l'étranger, n'est rien qu'un fragment de destin, un *mektoub*, qui doit suivre son destin et pour lequel toute intervention extérieure n'aura aucun effet au regard du « fatum ».

❼ Réponse libre.

Panaït ISTRATI

Découverte

❶ Réponse libre. On peut penser à l'idée de voyages, de départs…

❷ Le narrateur est à Naples, en Italie et prend un bateau pour Alexandrie, en Égypte.

❸ Sur le bateau, il rencontre un Autrichien qui lui offre « à manger ». Le narrateur est donc très pauvre, il n'a pas d'argent.

❹ Les points communs entre l'auteur et le narrateur sont l'errance, le vagabondage, la misère.

❺ Les passages en italiques sont en italien (mais pas forcément avec la bonne orthographe).

Exploration

❶ Le texte est écrit à la première personne, « je », renvoyant probablement à l'auteur : c'est un récit à caractère autobiographique. Le temps dominant est le présent de narration ; il produit un effet d'instantanéité, donne l'impression que les événements narrés se déroulent au moment même où le narrateur parle.

❷ Le narrateur cherche une « couchette », un endroit où dormir. Il est vraisemblablement très fatigué et comme il n'a pas de billet, il n'a pas de place. Pour cela, il s'installe sur une place dans « le grand carré » au-dessus de la « salle à manger » des passagers de troisième classe (la moins chère).

❸ Le mot grammatical qui marque une rupture est la conjonction de subordination « quand ». Le narrateur ne voit que la « blouse blanche, un jeune visage gaillard » qui se penche vers lui. En général, on décrit d'abord une impression d'ensemble, une silhouette. Ici, l'attention est portée sur deux détails que le voyageur découvre en ouvrant les yeux, la blouse et le visage. Le lecteur a l'impression d'être à la place du narrateur.

❹ Quand le garçon demande au narrateur s'il est « chauffeur » ou « passager », qu'il constate que ce dernier répète les mots, il rit, trouve sans doute cette situation drôle (« éclate de rire »). Il découvre que le narrateur n'est ni chauffeur ni passager : c'est un « vagabond », une personne qui ne possède rien, et surtout qui n'a pas de billet et qui par conséquent risque d'avoir des ennuis. Sa situation est donc peu confortable : comme il désirait voyager et n'avait pas d'argent, il a fraudé. On peut dire qu'il n'est pas juste que certains puissent s'offrir des voyages et d'autres pas.

❺ Les questions que se pose le narrateur sont : « Qu'est-ce qu'il va me faire ? Contrôleur ? Charbon ? » Va-t-il être arrêté par un contrôleur ? Va-t-on le conduire dans la salle des machines et l'obliger à mettre du charbon dans la chaudière ? Elles traduisent un sentiment d'inquiétude, d'angoisse. Face à la situation plutôt catastrophique du narrateur, le « garçon » réagit humainement (« c'est la série du bien »). Réponse libre.

❻ Il le conduit « dans la salle à manger ». Le pronom Ils renvoie aux autres voyageurs ; comme ces derniers ont le « mal de mer », qu'ils n'ont presque pas mangé, le garçon lui propose de manger ce qu'ils ont laissé et de satisfaire sa faim.

❼ Le narrateur se compare à un « loup dans le troupeau de brebis », c'est-à-dire une personne qui a très faim (on dit aussi « avoir une faim de loup ») ; le verbe « se jeter sur », la reprise du déterminant démonstratif « ce/cette », les adjectifs qualificatifs « <u>petits</u> pains tout <u>chauds</u>, ce <u>bon</u> lait, ce café <u>exquis</u> », l'effet d'accumulation marqué par les nombreuses virgules expriment avec force la faim du narrateur.

❽ Réponse libre.

Henri MICHAUX

Découverte

❶ Le titre de l'œuvre est *Un barbare en Asie* et celui de la sous-partie est *Un barbare en Inde*. « Barbare » a d'abord eu le sens d'« étranger, inculte », puis d'« homme étranger à la civilisation d'un pays qui n'est pas le sien ». Les Grecs de l'Antiquité considéraient tout étranger à leur culture comme barbare. À partir du XVIe siècle, le sens de « violent, cruel, sauvage » se développe. Ici, ce nom désigne le Français, Michaux, qui se rend dans ce pays qu'il ne connaît pas et qui l'étonne. Réponse libre.

❷ Le nom est Calcutta, une ville située en Inde, au fond du golfe du Bengale. C'est une ville surpeuplée.

❸ Michaux a aussi voyagé en Angleterre, en Amérique, Chine, Turquie, Équateur…

❹ Le narrateur « observe les habitants » et dit d'eux qu'ils ne bougent pas (« immobiles »), qu'ils n'attendent « rien de personne », que chacun fait ce qu'il veut : chanter, prier…

Exploration

❶ Le narrateur parle de la vache, animal sacré en Inde. Le pronom qui reprend le nom est « elle/elles ». Cet animal semble le centre de la vie des habitants hindous, et par-là, le centre du texte (reprise du mot « vache », doublée par les nombreux emplois des pronoms « elle/elles »).

❷ C'est le mot « maître » qui signale la relation hiérarchique entre l'animal et les chanoines ; c'est la vache qui en position de supériorité. Dans cette phrase, le mot « vache » est placé à la fin, juste après la virgule ; il s'agit d'une mise en valeur qui permet d'attirer l'attention du lecteur. Un effet de chute est aussi créé. Ce qui caractérise la vache est le fait qu'elle n'ait pas honte (« impudence »), qu'elle soit « insouciante », qu'elle ne se préoccupe de rien.

❸ Dans la tradition bouddhique, la vache symbolise l'animal sacré (comme le singe). La vache/les vaches traversent les rues, s'étalent sur le trottoir, fientent, inspectent les magasins, menacent l'ascenseur, s'installent sur le palier et elles « mangeraient » l'Hindou s'il était « broutable ». Ces verbes d'action anthropomorphisent l'animal, le rendent humain. Les vaches font ce que font les humains, mais dans n'importe quelles conditions : elles ignorent les normes sociales. C'est ce qui est drôle dans le texte. Même les Hindous risqueraient d'être victimes de leur sans-gêne : s'ils étaient « broutables », ils seraient mangés comme de l'herbe. Heureusement pour eux, l'humain n'est pas « broutable ».

❹ Face au monde « extérieur », la vache se montre indifférente, tel un philosophe, et le narrateur la présente comme étant « supérieure » à l'Hindou. Elle aussi se situe dans la doctrine bouddhique (maya) qui considère comme illusion le monde extérieur, mais elle pousse cette indifférence encore plus loin que les Hindous : elle ne cherche rien, aucune explication, aucune vérité. Réponse libre.

❺ L'activité « intellectuelle » de la vache est la méditation (« méditer »), activité propre à l'être humain. Mais elle s'adonne à cette occupation spirituelle avec beaucoup plus de constance que l'homme puisqu'il lui faut « plus de sept heures pour méditer » le fait qu'elle a mangé « une touffe d'herbe » ! Là encore, l'interprétation subjective du narrateur prête à rire. Réponse libre.

❻ Pour Michaux, il y a trois peuples qui habitent Calcutta : l'Hindou, l'Anglais et la vache ! C'est de nouveau le caractère comique qui revient : le narrateur met sur le même plan la vache, l'Hindou et l'Anglais. Pour lui, ces trois « races » (peuples) ont un point en commun, celui de ne pas fréquenter ceux qui n'appartiennent pas à leur « race ». Ce qui est surprenant, c'est qu'elles habitent la même ville : Calcutta.

❼ a visité l'Inde à l'époque de la colonisation britannique. Réponse libre.

Blaise CENDRARS

Découverte

❶ Le titre de l'œuvre, *Feuilles de route*, évoque les autorisations données aux soldats pour se déplacer.

❷ Le titre est « En route pour Dakar ». Il s'agit d'un départ imminent pour Dakar, la capitale du Sénégal. La biographie indique que Cendrars était un grand bourlingueur, un poète voyageur qui a parcouru le monde (Russie, Amérique...).

❸ Réponse libre. En français, on trouve : « Bonne/mauvaise route ; faire de la route ; mettre en route (commencer), se mettre en route (commencer à partir) ; faire fausse route (se tromper) ; tailler sa route (avancer sans se préoccuper des autres)...

❹ C'est un poème en vers libres où l'on entend la voix du poète (mon/m'/je). Réponse libre.

❺ Les vers commencent par une majuscule et les lignes appartiennent aux vers qui précèdent. Exemple : le vers 6 « Rien ne... » se lit avec les 2 lignes suivantes. Ils forment un ensemble.

Exploration

❶ Il peut se trouver sur un bateau (l'air/la mer). Il parle de l'air, du ciel et de la mer. Dire que « la mer est d'acier » signifie qu'elle a une couleur argentée, qu'elle brille ; or « Mon corps est d'acier » veut dire que le corps est dur. Une autre acception peut aussi être admise : le corps est insensible ; « L'air est froid » renvoie à la sensation ressentie, au temps qu'il fait ; la métaphore « Le ciel est froid » traduit la subjectivité du poète qui, sans doute, projette ce qu'il ressent. Un ciel « froid » peut aussi être un ciel gris, ou un ciel d'hiver. Le poème s'ouvre sur des connotations de dureté et de froideur. Réponse libre.

❷ Le poète interpelle l'Europe : « Adieu Europe », comme s'il s'agissait d'une personne que l'on quitte, à qui l'on dit adieu. Il choisit 1914, date qui correspond au début de la Première Guerre mondiale, donc à la violence qui va déchirer les pays, provoquer des millions de morts. Cendrars s'est engagé pendant cette guerre et il y a perdu un bras.

❸ Il rejette tout, aussi bien l'Europe que ses habitants. L'absence de ponctuation, l'accumulation des nationalités, impriment un rythme rapide à ce vers, créent un effet de trop-plein. Il y a aussi le côté arbitraire et aléatoire dans le choix des nationalités qui donne l'impression d'un fourre-tout. Cependant, le point commun de toutes ces personnes est qu'elles émigrent, comme le poète.

❹ Il veut aussi rencontrer et aimer (« coucher ») des « nègres et des négresses », des

« indiens et des indiennes », personnes qui sont éloignées géographiquement, n'appartiennent pas à l'Europe, des « animaux et des plantes » ! La chute surprend, surtout si le même verbe « coucher » s'accorde avec les « animaux » et les « plantes ». On pouvait s'attendre à d'autres personnes non européennes, des Américains/Américaines, des Chinois/Chinoises, par exemple. Cendrars traduit ainsi son rejet de tout ce qui peut lui rappeler l'Europe et ce rejet radical a son pendant dans l'attitude radicale de « coucher » (faire l'amour) même avec des animaux et des plantes, dont la caractéristique est de ne pas parler, lui qui ne veut plus parler les langues européennes.

❺ Il parle du monde de la nature (vivre dans l'eau/vivre dans le soleil/un gros bananier). C'est le sud, il fait chaud. Ici, l'idée de chaleur s'oppose à celle de froideur présente au début du poème. Il veut vivre « en compagnie d'un gros bananier » ; de nouveau le poète crée un effet de surprise, d'inattendu. Réponse libre.

❻ Là encore, le manque de ponctuation donne un rythme accéléré à ce passage, qui se lit dans un souffle. Ce rythme rapide est aussi donné par la construction parataxique du fragment, où le lecteur passe d'une idée à l'autre (« Je veux tout oublier/ne plus parler tes langues/et coucher... ») sans qu'un lien logique n'assure la cohérence du tout. Les idées se juxtaposent, s'accumulent, traduisant peut-être l'état d'esprit du poète, entre rejet radical et acceptation tout aussi radicale. Les répétitions coordonnées par « et » ainsi que les parallélismes (« des nègres et des négresses/des indiens et des indiennes ») créent une forme musicalité harmonieuse et douce qui se brise à la fin (« des animaux des plantes »), les deux mots se juxtaposant sans coordination ni ponctuation.

❼ Les 4 derniers vers se centrent autour de la figure du poète, ce qui lui arrive : « me segmenter », « devenir dur comme un caillou », et peut-être sa « fin » : « tomber à pic/couler à fond ». L'image du caillou « dur », celle de la chute « tomber », et celle de l'eau qui engloutit (« couler »), prépare la chute, la fin surprenante qui peut être interprétée comme un suicide. L'idée de segmentation pourrait souligner que l'être est dissocié, qu'il a perdu son unité. On peut se demander si le poète, en quittant l'Europe, ne se prépare pas à une destination où il s'anéantit totalement, se confond avec la nature, jusqu'à devenir minéral (« comme un caillou »), état où toute pensée est abolie. Réponse libre.

❽ Création libre.

Nicolas BOUVIER

Découverte

❶ L'extrait proposé est composé de plusieurs paragraphes (plus ou moins longs) et de 4 vers écrits en italique (écriture penchée) dont le début et la fin sont marqués par trois points de suspension (le poème a été coupé).

❷ Il est question d'un jeune homme de 24 ans qui découvre l'Iran dans les années 1950. Il s'agit de Nicolas Bouvier, figure de l'écrivain-voyageur. Il est aussi photographe, journaliste et poète. Le genre du texte est proche du journal, du témoignage, du récit autobiographique.

❸ Le premier titre est « Le lion et le soleil ». Réponse libre. En France, le lion symbolise la force et le pouvoir. Il a une dimension solaire. Dans les fables de La Fontaine, il représente le roi Louis XIV, surnommé le « Roi-Soleil ». Le soleil est associé à la lumière, la chaleur ; il éclaire le monde. Le second titre, qui regroupe l'ensemble des écrits de Bouvier, *L'usage du monde*, renvoie aux us et coutumes, aux habitudes, aux manières de faire des habitants des pays sans doute visités par Bouvier, à la connaissance de ce qu'il convient d'être face à ceux que l'on vient visiter... Dans une dimension plus philosophique, ce titre pose peut-être la question de l'étranger, du voyageur, au regard de la diversité du monde, celle plus universelle de l'Homme dans sa présence/action sur la terre. Réponse libre.

❹ Il s'agit de Kyoto (une ville du Japon), d'Athènes (capitale de la Grèce), de Téhéran (capitale de l'Iran).

❺ C'est l'auteur/voyageur Nicolas Bouvier qui parle. Réponse libre.

Exploration

❶ Le mot grammatical est « comme » (repris deux fois) ; il établit une comparaison entre Kyoto, Athènes et Téhéran, trois villes éloignées les unes des autres, mais dont le point commun est qu'elles sont lettrées, cultivées curieuses des autres, ouvertes au monde.

❷ La majorité des habitants de Téhéran « parlent parfaitement français », même ceux qui « n'auront jamais l'occasion ni les moyens de voir Paris » ; ils apprennent par plaisir, par désir de savoir, résultat « de la culture iranienne, curieuse de tout ce qui est autre ».

❸ Les Persans (les Iraniens) ne lisent pas Paul Bourget, auteur de romans psychologiques ou Gyp, auteure de romans mondains, écrivains mineurs par rapport à Proust (*À la Recherche du temps perdu*), Valery Larbaud (1881-1957, lui aussi, écrivain-voyageur, « qui connaît le monde et sa diversité »), Bergson (1859-1941, philosophe de la compréhension et de l'intuition, il a influencé Proust) et qu'ils préfèrent. Bouvier souligne que les œuvres de ces auteurs sont annotées, c'est-à-dire qu'elles sont lues, relues et comportent des notes autour du texte, traces du dialogue que les lecteurs établissent avec les écrits. Les Persans sont présentés comme des personnes qui savent distinguer les écrivains mineurs des écrivains importants, comme des personnes de grande culture.

❹ Les vers entendus proviennent « d'une parfumerie » et c'est un homme (Sorab), à la voix « sourde, voilée comme celle d'un dormeur » qui les récite. On ne s'attend pas à ce qu'un commerçant récite des vers, mais cette situation corrobore ce que dit Bouvier de l'esprit curieux et cultivé des Persans. Ces vers sont extraits d'une célèbre œuvre poétique de Michaux, poète belge de langue française, *La Nuit remue*. Compléter la fiche biographique en se reportant à la partie du manuel consacrée à Michaux.

❺ Lorsque Bouvier entre dans la boutique sans faire de bruit (« sur la pointe des pieds »), il voit « un gros homme parfaitement immobile » (il ne bouge pas), « affaissé » (abaissé, penché), une « revue ouverte devant lui » et lisant « à haute voix ». Il a un « large visage mongol perlé de sueur » (la description n'est pas très tendre, l'homme n'est pas vraiment présenté comme quelqu'un de beau et la sueur, due à la chaleur ou à la fatigue, n'embellit pas le personnage). Cependant, il a l'air heureux (« une expression [...] bonheur ») et il est totalement concentré (« absorbé ») dans sa lecture/récitation du poème. Bouvier porte sur cet homme un regard à la fois interrogatif, admiratif et respectueux. L'écrivain-voyageur aime aussi la poésie et établit immédiatement un lien de connivence culturelle avec le lecteur persan.

❻ Quand Sorab aperçoit Bouvier, l'étranger, le possible client, il ne marque pas d'étonnement (« n'en marqua aucune surprise »), ne demande pas ce qu'il désire, attitude attendue en général chez un commerçant. Au contraire, il « tend la main », se « présente », attitude déconcertante pour un Européen, pour lequel les relations sont étroitement socialisées. Le comportement de Sorab est un exemple des constatations que Bouvier fait des Persans au début du texte. Réponse libre.

❼ Sorab est heureux lorsqu'il lit à haute voix la poésie de Michaux. Sans doute oublie-t-il ainsi sa condition de commerçant, les aléas du quotidien. Il est en accord, en communion avec les paroles du poète, qui vraisemblablement, font écho à ce qu'il ressent, de manière intime, tout à fait personnelle (« une expression extraordinaire d'acquiescement »). La poésie fait partie de la vie de cet homme. Explicitement, Bouvier ne dit rien de ce qu'il pense de cet homme et de cette situation. Implicitement, au regard de la description qu'il fait de la situation, on peut supposer son étonnement, son admiration et cette connivence intellectuelle évoquée à la réponse de la question 5, qui transgresse les frontières et les espaces politico-culturels. Il s'agit ici d'une forme de « culture cultivée » (Bourdieu) qui tend à l'universel et dont sont porteurs les Iraniens que Bouvier a rencontrés dans les années 1950.

❽ Nicolas Bouvier, écrivain-voyageur, est dans un rapport singulier à l'autre, incarné ici par la figure d'un Iranien, Sorab, commerçant parfumeur amoureux de poésie. Il casse ainsi les stéréotypes occidentaux concernant l'Iran, posture adoptée par l'auteur dès le début du fragment présenté, lorsqu'il déclare que « Téhéran est une ville lettrée », et qu'il illustre par sa rencontre avec Sorab. À l'homogénéité que construisent les représentations sociales occidentales, il oppose le cas singulier, qui produit de l'hétérogénéité, du dissemblable. Bouvier rend compte de ses impressions, de ce qu'il constate par rapport à la culture iranienne. Il est en rupture avec l'exotisme que les littératures des XVIIIe/XIXe ont mis en scène (cf. *Paul et Virginie* de Bernardin de Saint-Pierre, *Candide* de Voltaire, *Lettres persanes* de Montesquieu, les romans de Pierre Loti…). Ce qu'il souhaite sans doute transmettre au lecteur est cette vision singulière qu'il a du monde, éloignée des représentations communément admises, et qui s'attache à la singularité émouvante des individus, dont l'exemple, ici, est Sorab.
Pour les étudiants, la réponse est libre.

Abdellatif LAÂBI

Découverte

❶ Le texte présenté est un poème : il est composé de plusieurs vers dont la longueur est irrégulière. Il n'y a pas de signe de ponctuation en fin de vers (seules trois virgules à l'intérieur des vers 3/4/17).

❷ Il y a : *Chateaubriand*, un célèbre romancier du XIXe siècle, la *Méditerranée*, la mer qui sépare l'Afrique (du Nord) de la France, *Saint-Malo*, une ville de Bretagne où est né Chateaubriand, au nord-ouest de la France, port ouvert sur l'océan atlantique, *Bazaine*, un peintre français du XXe siècle qui a réalisé les vitraux de l'église Saint-Séverin, à Paris, *Dieu*, *Essaouira*, qui est une ville du Maroc, ancienne Mogador des conquérants portugais, port ouvert sur l'océan Atlantique, comme Saint-Malo.

❸ Le titre de cet extrait est « La mouette ». Réponse libre. C'est un oiseau de mer. Il fait donc le lien entre Essaouira, au Maroc et Saint-Malo, en France, où semble vivre le poète au moment de l'écriture (il voit la maison où est né Chateaubriand ; peut-être fait-il aussi allusion au tombeau de l'écrivain, qui se trouve sur une petite île, visible de Saint-Malo).

❹ Le titre du recueil, *Poèmes périssables*, renvoie à quelque chose qui ne dure pas, à ce qui est mortel, éphémère. On retrouve l'idée de « périssable » dans de nombreux textes dont ceux de la Bible (« Vanité des vanités, tout est vanité »), ceux de Lamartine et Chateaubriand qui, dans ses *Mémoires d'outre-tombe*, invite le lecteur à méditer sur la mort, notamment celle des grands de ce monde (les rois), dans les poèmes de Baudelaire et de tant d'autres auteurs. L'image du crâne, symbole de vanité et de mort, est présente dans les peintures des XVIe et XVIIe siècles (exemple : Philippe de Champaigne).

Exploration

❶ Réponse libre. On peut lire le poème en marquant une pause avant chaque vers commençant par une majuscule, mais l'absence de toute ponctuation laisse le lecteur libre face à son interprétation personnelle.

❷ Le pronom indéfini « on » peut renvoyer au poète, à tous les êtres humains. Pour le poète, la mouette, oiseau blanc des mers et des océans, représente « L'hôte d'aujourd'hui », celui qu'« on accueille ». C'est l'idée de voyage, de déplacement continuel, de liberté, de nomadisme et d'hospitalité qu'évoque sans doute ce choix poétique.

❸ La mouette et le poète (« je ») donnent l'impression d'être en communion : les reprises du nom « appel », de la structure « À son appel / À mon appel » (qui est un parallélisme), expriment l'idée de complicité, de lien entre l'oiseau et le « je » du poète. La mouette se pose « sur le toit de la maison de Chateaubriand », créant ainsi une continuité dans la tradition littéraire française et francophone : le poète marocain contemporain devient dépositaire de la parole poétique du romancier du XIXe siècle. L'héritage poétique/culturel est donc transmis, au-delà des frontières, par un oiseau qui traverse mer et océan, symbolique absolue de la liberté radicale de la parole poétique.

❹ Du vers 6 (« Comme de... ») au vers 16 (« ...la foule »), le poète et la mouette « discutent » comme s'ils étaient « de vieilles connaissances », des amis en quelque sorte. Ils parlent « de choses et d'autres » c'est-à-dire de tout et n'importe quoi, comme des amis qui se rencontrent régulièrement. Ils parlent aussi d'espaces géographiques, fortement arrimés à l'histoire coloniale et imprégnés d'affiliations culturelles : « la Méditerranée venue jusqu'à Saint-Malo » qui parviennent à se rencontrer, par l'intermédiaire de la mouette, oiseau symbolique qui renvoie aussi à l'albatros de Baudelaire, figure du poète ; ils évoquent poétiquement le ciel et « sa cape bleue de cérémonie », l'art : les « vitraux » du peintre Bazaine, la « solitude », sentiment universel. Leurs sujets de discussion touchent plusieurs domaines : la géographie (géopolitique), la condition humaine, l'art, l'absence de Dieu.

❺ Les vers 14-16 (« à la solitude (...) foule ») font penser aux situations difficiles que peut rencontrer l'étranger, seul, face à la foule qui ne le connaît pas, au sentiment de solitude qui le travaille. Cette solitude peut être aussi vécue par tout être humain. Le poète évoque sans doute sa propre situation d'exilé. Laâbi, qui a été emprisonné dans son pays, a souffert du pouvoir arbitraire.

❻ Quand le dialogue s'arrête, le poète remercie la mouette qui lui répond « par un petit ricanement complice », un « langage » partagé entre l'homme et l'oiseau, tous deux figures de nomadisme. La mouette s'envole vers Essaouira, une ville lointaine, située dans un autre pays, au Maroc, le lieu d'où est parti Laâbi. Est-ce un clin d'œil pour montrer les flux migratoires actuels ? Mais ici, c'est un mouvement/déplacement inverse : du nord vers le sud.

❼ Laâbi a choisi la mouette, symbole du nomadisme marquant la deuxième moitié du xxᵉ siècle, image de l'exil, volontaire ou pas, du déracinement, mais aussi figure de l'autre, l'étranger sans « domicile fixe ». L'oiseau est aussi symbole de liberté et lien entre le nord et le sud. Activité libre.

Georges SIMENON

Découverte

❶ L'extrait proposé est composé de parties dialoguées (guillemets et tirets) et de parties narratives (récit). Les signes de ponctuation les plus utilisés sont le point d'exclamation qui exprime la surprise, l'étonnement, la colère ainsi que le point d'interrogation qui renvoie à une question et les points de suspension qui indiquent une phrase non terminée, une suspension de la voix, de la pensée, une hésitation.

❷ L'action se passe à Moulins, en Auvergne (France). Les personnages sont : la comtesse de Saint-Fiacre, qui a environ 60 ans, son fils Maurice et le commissaire Maigret. On a retrouvé la comtesse morte dans une église et son fils arrive de Paris. Il parle avec Maigret. Le titre de « comtesse » renvoie à un milieu social élevé, aristocratique.

❸ Le titre du roman est *L'affaire Saint-Fiacre*. L'enquête du commissaire Maigret est consacrée à la situation, à tout ce qui tourne autour (« l'affaire ») de la mort de la comtesse de Saint-Fiacre.

❹ Réponse libre.

Exploration

❶ Selon le docteur Bouchardon, la comtesse est morte « d'un arrêt du cœur ». Le commissaire Maigret pense au contraire que cette mort a été préméditée (« prévu ») par quelqu'un « quinze jours auparavant ». On ne peut pas prévoir une crise cardiaque quinze jours auparavant.

❷ Maurice est hésitant, il ne termine pas ses phrases (« Je ne comprends pas... Le docteur vient de dire... »), ce qui est indiqué par les nombreux points de suspension. Il est « anxieux », il a des mouvements rapides, brusques (« saccadés » ; « Il prit vivement le papier »). Tous ses gestes peuvent être interprétés par Maigret comme des signes de malaise, donnant l'impression qu'il est le coupable.

❸ À la première question du commissaire (« Quelqu'un a-t-il intérêt à la mort de votre mère ? »), Maurice répond que c'est lui qui avait intérêt à la mort de sa mère (l.11-12).

❹ Réponse libre. On peut penser que Maurice a programmé la mort de sa mère pour hériter de sa fortune.

❺ Les « jeunes secrétaires » sont des hommes qui ont travaillé successivement avec la comtesse et « ce monsieur » est le dernier secrétaire que Maigret a vu. Pour Bouchardon, tous ces hommes ont eu une relation plus intime avec la comtesse.

❻ Face aux insinuations de Bouchardon (la mère de Maurice a eu des amants), Maurice essaie d'expliquer au commissaire que sa mère a perdu la tête à la mort de son mari, qu'elle est pieuse, fréquente l'église, mais qu'elle avait besoin de tendresse.

Finalement, il met en cause le dernier secrétaire de sa mère : « Et des gens comme ce monsieur que vous avez vu ont les dents longues ».

❼ Réponse libre.

Yasmina KHADRA

Découverte

❶ Le texte est composé de dialogues (phrases avec tiret) et de parties narratives (récit).

❷ Le titre est *Double blanc*. Le blanc est la couleur de la mort, du deuil dans l'Orient ; le mot « double » est sans doute un signe d'insistance, une volonté de souligner le drame qui a eu lieu en Algérie dans les années 1990. Le titre peut aussi être un clin d'œil au disque des Beatles « Double blanc » paru en 1968. Assia Djebar a publié « Le blanc de l'Algérie » en 1996, livre où elle évoque la mort violente de ses proches (Djaout...), assassinés par les islamistes, parle du chagrin, du deuil. En Occident, cette couleur est associée à la virginité, à la pureté.

❸ Les personnages sont le commissaire Llob et Ewegh, un policier, assistant, adjoint du commissaire et un suspect. Un homme a été tué.

❹ Le commissaire Llob ouvre (« écarte ») sa veste, sans doute pour montrer sa plaque de policier. « Ma veste de gagne-pas-assez » veut dire qu'il a un salaire insuffisant pour vivre, qu'il est mal payé.

Exploration

❶ Le suspect s'appelle Abderrhamane Kaak ; quand l'inspecteur lui demande si c'est bien lui, il ajoute « *Monsieur* », sans doute pour marquer son importance, pour signifier qu'il n'est pas n'importe qui. Il instaure immédiatement un rapport de force entre lui et le commissaire.

❷ Le suspect commence immédiatement par décliner toutes ses fonctions : « patron des hôtels Raha, PDG de Afak-Import-Export, président de DZ-tourisme » pour impressionner le commissaire, lui faire comprendre qu'il fait partie d'un autre monde, celui des riches, des intouchables. Face à lui, le commissaire Llob est un homme qui n'a rien d'autre que son métier qui ne lui rapporte pas assez (« ma veste de gagne-pas-assez »).

❸ Le commissaire Llob et son adjoint Ewegh veulent poser « des questions » au suspect chez lui, car ils se méfient des personnes qui espionnent, qui peuvent les tuer. Cette situation montre que le climat est tendu, dangereux dans les années 1990 en Algérie. La vie d'un policier, comme celle de tout individu, est exposée à tout moment à la mort.

❹ Kaak répond qu'il a perdu (« égaré ») ses clefs. En fait, il cherche à gagner du temps sur le commissaire et Ewegh. Il se moque d'eux, aussi. Mais Ewegh comprend ce qui se passe (« il opine du chef »), il n'entre pas dans le jeu du suspect, arrive devant la porte « de la villa » et la « défonce », il donne un coup très fort pour l'ouvrir. Kaak est choqué (« bouleversé ») car cette porte (« lourde ») lui a coûté beaucoup d'argent (« les yeux de la tête »). La phrase « Je suis sûr... » est un commentaire drôle et cynique à la fois du commissaire car il compare la valeur, le prix de la porte avec l'éventualité de brutalités faites au père de Kaak (« si on avait botté le derrière de son propre père »). Il suggère que le suspect est plus touché par le fait que l'on casse une porte qui lui a coûté très cher que si l'on avait été violent avec son père.

❺ Le commissaire appelle Kaak d'abord « le nabot » (quelqu'un de petit), puis « l'acarien » qui renvoie à l'image de la petite bête minuscule, un parasite qui provoque des maladies. C'est l'image du petit, du minable qui domine. L'avant-dernier paragraphe met l'accent sur le côté « parvenu » de Kaak (il possède une villa, un salon deux fois plus grand que l'appartement 3 pièces du policier).

❻ Dans cet extrait de roman policier, Yasmina Khadra dénonce une certaine réalité sociale de l'Algérie : les écarts entre les riches et les pauvres, l'impunité, l'arrogance des parvenus, le mépris de ces derniers pour les policiers chargés de maintenir l'ordre, l'impossibilité de vivre tranquillement. Mais surtout, il s'attaque à ceux qui profitent de la terreur, des moments incertains pour s'enrichir pendant que d'autres n'ont même pas de quoi manger ni de quoi se loger.

❼ Activité libre.

Driss CHRAÏBI

Découverte

❶ Réponse libre.

❷ Le texte est composé de parties dialoguées et de parties narratives.

❸ Les personnages sont l'inspecteur Ali, son adjoint Mohamed et un jardinier. Ils sont dans la Médina (la vieille ville), à Marrakech (Maroc). Un meurtre a eu lieu : un homme a été tué et l'inspecteur et Mohamed interrogent le jardinier.

❹ Comme noms propres on retrouve « Allah/le Coran/Mohamed/Ali » qui renvoient au lieu et pays où se déroule l'action, ici le Maroc, un pays musulman.

❺ Réponse libre.

Exploration

❶ L'inspecteur Ali parle du mort. Il rappelle au jardinier ce qui s'est déjà passé (« tu es venu… ») et cherche à savoir ce qu'il venait faire au puits (« Qu'est-ce qui a guidé tes pas vers le puits, hey ? »). Il semble suspicieux, soupçonneux envers le jardinier.

❷ L'expression « en chair et en os » signifie que la personne dont on parle est bien vivante, présente physiquement. L'inspecteur Ali s'amuse en utilisant cette expression pour parler du mort.

❸ L'inspecteur lui répond qu'il est sans doute allé vers le puits par « instinct », puis il poursuit en plaisantant sur le nombre d'instincts que les animaux et les humains peuvent avoir : les animaux en auraient beaucoup, les hommes seulement deux ou trois. Mohamed continue le jeu d'Ali, sur un ton sérieux (« docte »), savant, en se référant au livre sacré des musulmans, le Coran, dans lequel il y aurait un passage sur l'instinct. Il y a un décrochage entre ces questions et l'enquête proprement dite. Ce passage est drôle, plein d'humour.

❹ Suite à ce que vient de dire Mohamed, l'inspecteur demande au jardinier s'il connaît le Coran (« T'as entendu parler du Coran au moins ? »). L'autre répond affirmativement, mais il précise qu'il ne sait pas lire. Ali établit un lien entre le Coran, dont tout le monde connaît l'existence, mais que peu de gens ouvrent véritablement et le puits, dont tout le monde sait qu'il est tari, donc abandonné (plus personne ne s'en préoccupe). Le jardinier sait « depuis longtemps » que le puits « est tari » ; il n'avait donc aucun intérêt à se pencher sur ce puits, mais il s'est penché tout de même et n'a rien vu sinon le cadavre. Il n'y a pas vraiment de logique dans l'interrogatoire, sauf si l'on considère que l'inspecteur est parti de « l'instinct », qu'il garde cette idée et donne à penser que toutes les actions des hommes, en particulier celles de Mohamed par rapport au Coran et du jardinier par rapport au puits, relèvent de l'instinct. L'interrogatoire prend un caractère comique : y a-t-il un lien entre un livre que tout le monde connaît mais n'ouvre jamais et un puits qui n'a plus d'eau et dont tout le monde sait qu'il est tari, qu'il ne sert plus à rien ?

❺ Le jardinier a vu que le cadavre était nu, il a aperçu son sexe circoncis.

❻ Activité libre. Les inspecteurs (commissaires) Maigret, Ali et Llob et Dieuswalwe appartiennent à des époques fort différentes. Maigret paraît le plus « typique » : il pose des questions, écoute les réponses. Alors qu'Ali est drôle, joue sur tout, Llob semble plus tendu, il est dans l'urgence (la réalité sociale dans laquelle ce dernier évolue est faite de violence). Au niveau de la langue, là encore, Maigret s'exprime dans un langage relativement soutenu tandis que les autres ont un style beaucoup plus oral (mot tronqués, familiers...). Quant à Azémar Dieuswalwe, la 4e de couverture le présente comme un alcoolique, un personnage marginal.

Julia KRISTEVA

Découverte

❶ Ce passage est extrait du livre *Meurtre à Byzance*. Le lieu est Byzance ; la ville a été choisie comme capitale de l'Empire romain par Constantin 1er (en 330), elle est nommée Constantinople en son honneur. Elle sera capitale de l'Empire byzantin puis de l'Empire ottoman sous le nom d'Istanbul. Elle se trouve en Turquie. Le mot « meurtre » fait penser au genre policier.

❷ L'auteure est Julia Kristeva. Réponse libre. Son nom est associé à la sémiologie, à l'intertextualité (voir la biographie).

❸ Il y a le professeur Sebastian Chrest-Jones (qui a disparu), son assistant Minaldi, le commissaire Rilsky qui discute avec la journaliste Stéphanie Delacour, sa maîtresse. Il s'agit de savoir ce qui est arrivé au professeur disparu.

❹ Le dernier personnage est Fa Chang, l'assistante du professeur Sebastian. Elle aussi a disparu puisqu'on a retrouvé seulement sa voiture.

❺ Réponse libre. C'est Rilsky qui parle à Stéphanie. L'autre personnage dont il est question est Numéro Huit, un tueur en série.

Exploration

❶ Fa Chang est « l'assistante de Sébastian » ; elle a disparu et seule sa voiture a été retrouvée dans « le lac de Stony Book ».

❷ C'est le corps de la jeune femme qui n'a pas été retrouvé. Rilsky explique que ses hommes vont nettoyer le lac (« draguer ») pour rechercher le corps.

❸ Selon le commissaire Rilsky, Minaldi croit que le professeur « est vraiment mort » et pour affirmer cela, il s'appuie sur le fait que Sebastian n'a pas touché à son ordinateur depuis longtemps. Son raisonnement est simple : « Un professeur qui n'utilise pas son ordinateur est un professeur mort », ce qui paraît une explication hasardeuse. Réponse libre.

❹ Stéphanie est très sévère avec Minaldi. Elle le traite de « petit apprenti détective », c'est-à-dire qu'il ne connaît rien au métier de détective ; de plus, elle utilise l'adjectif « petit » qui renvoie au manque de compétence de l'assistant pour ce métier. Pour elle, il est mauvais moralement (« il est abject au moral ») et physiquement pas beau (« laid au physique ») ; elle ajoute : « Laisse-le à ses désirs de croque-mort envieux » : pour la journaliste, il souhaite que le professeur soit mort, ainsi pourra-t-il prendre sa place. Cette image de moins que rien était annoncée à la fin du paragraphe 2 par « ce minus », c'est-à-dire quelqu'un de petit, mauvais. Stéphanie considère Minaldi comme un minable et elle le méprise profondément.

❺ Stéphanie a consulté (« compulsé ») les documents informatiques (les « disquettes et fichiers ») du professeur Chrest-Jones ; elle rappelle au commissaire qu'il aurait dû les étudier mais il ne l'a pas fait. Elle lui reproche de ne pas faire son travail (« … tu es supposé étudier »).

❻ Le commissaire n'est pas très bien face à ce que dit Stéphanie : sa gorge se noue, il ne sait pas quoi dire (« Mm… »), son visage est blanc (« blême ») et il reste sans mot (« muet ») ; il a peur d'apprendre que la journaliste a découvert un indice avant lui, mais pour lui c'est aussi un espoir, qui pourrait faire avancer son enquête. Elle lui annonce que le professeur était amoureux d'Anne Comnène, considérée par Sebastian comme la première intellectuelle de l'Histoire et qui a vécu à Byzance au XIe siècle.

❼ Ce qui est surprenant, surréaliste, c'est d'aimer une femme qui a vécu au XIe siècle ! Il est difficile d'établir un lien entre cette découverte et la disparition du professeur. Peut-être est-il parti faire des recherches sur place, à Istanbul, sans avoir prévenu personne. Réponse libre.

❽ C'est Rilsky qui dit la dernière phrase. Malgré leur relation (il est l'amant de Stéphanie), il devient méfiant car il pense qu'elle déraisonne totalement. Sa découverte, que le professeur soit tombé amoureux d'une femme morte depuis des siècles, lui semble absurde. Pour lui, c'est une remarque qui ne peut provenir que d'un cerveau dérangé. Réponse libre.

Gary VICTOR

Découverte

❶ Il s'agit d'une 4e de couverture.

❷ Le document est composé d'une photographie de l'auteur, à côté de laquelle se trouve un texte, peut être une biographie. Au-dessous, se développe un écrit plus long, qui peut correspondre au résumé de l'histoire, et enfin un dernier paragraphe d'un peu plus de 4 lignes qui peut être une critique. Le titre du roman est en bas de la page, dans le code barre. On voit aussi le prix du livre (16 euros) et la maison d'édition : Vents d'ailleurs.

❸ Voir la question 2.

❹ Réponse libre. La 4ᵉ de couverture a plusieurs fonctions : intéresser le lecteur, lui donner envie d'acheter le livre, etc.

Exploration

❶ Les mots qui indiquent le genre littéraire de ce roman sont : « criminelle, l'inspecteur, enquêtes » ; c'est un roman policier. Azémar Dieuswalwe peut s'écrire « Dieu soit loué », le romancier a écrit de manière phonétique une formule de louange à Dieu.

❷ Il est envoyé dans un « bled » (un lieu perdu) qui s'appelle « la Brésilienne », dans la campagne haïtienne (en Haïti).

❸ Les autres personnages sont : le député, le maire, un curé breton, une femme dominicaine très belle (« à la beauté torride »), un pasteur, une société secrète. Chacun appartient à une institution, sauf la femme.

❹ L'inspecteur est envoyé à la Brésilienne pour « résoudre l'énigme des cloches » car leur son (le bruit qu'elles font et qui rythme la vie des croyants) a été « enlevé » (pris, volé). La situation est complètement absurde : il est possible de voler des cloches, mais pas leur « son » !

❺ Les mots/groupes de mots sont : « son goût immodéré pour le *tranpe* », « pas très fiable aux yeux de ses supérieurs », « une épave alcoolique » ; Azémar est un drôle d'inspecteur, il est alcoolique, on lui confie les missions les plus étranges car ses supérieurs n'ont pas confiance en lui.

❻ Derrière ce mystère, se jouent sans doute des luttes de pouvoir : entre « les deux plus hautes autorités du village » (le maire et le député) pour séduire la belle Dominicaine, un pasteur (ministre d'un culte protestant) sans scrupules pour augmenter le pouvoir qu'il a déjà et une société secrète dangereuse (« pas commode du tout ») qui veut vraisemblablement conquérir le pouvoir.

❼ Réponse libre.

❽ Activité libre.

Mouloud FERAOUN

Découverte

❶ Réponse libre. Le *pauvre* est le père. L'histoire se passe sans doute dans un milieu très modeste.

❷ L'histoire se passe en Algérie dans les années 1930, dans une région appelée la Kabylie (le petit garçon est berbère, autre nom donné aux habitants de Kabylie) ; ce pays était alors colonisé par la France (jusqu'en 1962). Il y a deux personnages : Fouroulou (resté en Algérie) et son père parti pour la France. Le jeune garçon écrit à son père. À cette époque-là, de nombreux paysans algériens se rendent en France pour gagner leur vie.

❸ L'Algérie était une colonie française depuis 1830. Il faut engager les étudiants à faire des recherches.

❹ Le texte est écrit à la 3ᵉ personne du singulier (« il ») ; Fouroulou écrit à son père pour lui annoncer son succès à son examen (le certificat d'études). Le jeune garçon s'appelle Fouroulou Menrad, anagramme de Mouloud Feraoun.

Exploration

❶ La première phrase entre guillemets correspond à la première phrase de la lettre que rédige le jeune garçon pour son père. C'est une « formule apprise à l'école, lors d'un compte rendu de rédaction ».

❷ Fouroulou trouve cette formule « belle », « digne d'être lue » ; ces adjectifs sont repris deux fois pour en souligner la beauté et la dignité. Il est fier à l'avance de l'effet que la lettre aura sur « l'écrivain » de son père, homme lettré comme le garçon qui vient d'obtenir son diplôme. Le père étant analphabète (ne sait ni lire ni écrire), il a besoin d'un « écrivain », d'une personne qui lui lira la lettre et qui écrira la lettre de réponse.

❸ Fouroulou vient de réussir son examen (le certificat d'études) qui a eu lieu à Fort-National, une ville située « à une vingtaine de kilomètres de son village ». Le garçon découvre une « vraie ville », avec « beaucoup de Français », « de grands bâtiments », « de belles rues », « de beaux magasins », « des voitures roulant toutes seules », où « tout lui parut beau, propre, immense ». Son village est sans doute le négatif de cette ville. Réponse libre.

❹ La beauté du lieu est traduite par l'accumulation de groupes de mots entre virgules (« une vraie ville, avec beaucoup de Français... ») qui va crescendo, par un emploi systématique d'adjectifs qualificatifs mélioratifs (« beau, propre, immense ») qui rendent compte de l'admiration du jeune garçon, par les répétitions (« beau, digne »). La grande « ville » s'oppose au « petit village ». Fouroulou est « surpris (...) de constater qu'il savait le français » et il s'étonne d'entendre « des gamins » parler cette langue aussi bien que lui, mais avec un accent « beaucoup plus agréable ». Il habite dans un village isolé et il n'a pas l'occasion de parler français, donc de confronter sa maîtrise du français à l'extérieur de l'école avec des Français ou d'autres camarades berbères apprenant cette langue. Il pense que l'accent de la ville est plus agréable que le sien. C'est en fait là la marque de l'incorporation d'une forme d'invalidation sociale : Fouroulou est le petit paysan qui se pense inférieur aux petits citadins et qui leur attribue des qualités pour le moins subjectives, l'accent agréable, par exemple, qui en soi n'existe pas. La caractéristique « agréable/désagréable » de l'accent est, de fait, socialement construite.

❺ L'adverbe de temps « aujourd'hui » renvoie au moment où Fouroulou/Feraoun est en train d'écrire. Ce paragraphe est écrit au présent de narration (« entend, est, reprend... ») qui donne l'impression que les faits révolus, qui appartiennent au passé, se déroulent dans le présent de l'écriture et de la lecture, pour le récepteur. Ce temps s'oppose à l'imparfait (« commençait, venait... »), temps de l'arrière-plan et au passé simple (« écrivit, parut... »), temps du premier plan, des actions. Il y a un effet de rupture au niveau espace-temps : rupture narrative et spatiale car ce ne sont pas les mêmes moments et lieux qui sont évoqués.

❻ Ce sont les Français (les « roumis ») qui font passer les examens aux élèves algériens puisqu'on est dans le contexte colonial. Il s'agit de l'école coloniale.

❼ Le *fils du pauvre* a obtenu son Certificat d'études, il a réussi à l'école, est devenu instituteur puis directeur d'école et enfin inspecteur des centres sociaux créés par Germaine Tillion. Enfant de paysans analphabètes, il est le premier d'une longue lignée berbère à devenir lettré. Il a changé de situation sociale et il est aussi devenu écrivain. Ainsi a-t-il pu écrire/décrire pour la première fois la culture de son peuple et dire la vie des pauvres, des oubliés de l'Histoire. Il a été assassiné par ceux que Germaine Tillion a appelé « les singes sanguinaires », les membres de l'OAS qui refusaient que l'Algérie devienne indépendante et pour qui Feraoun représentait une figure de l'Algérien cultivé et humaniste qui militait pour le dialogue entre les Français et les Algériens.

❽ Activité libre.

Camara LAYE

Découverte

❶ Réponse libre. Il peut s'agir d'un récit d'adolescence d'un enfant noir et le récit peut se passer en France ou dans un pays d'Afrique.

❷ Le texte est composé de parties narratives (le récit) et dialoguées.

❸ Les personnages en présence sont le jeune garçon (le narrateur), sa mère et son père. L'enfant a réussi ses examens et son professeur lui conseille de continuer ses études en France. Accompagné de son père, il va en discuter avec sa mère. L'histoire se passe en Guinée, un pays d'Afrique (colonisé par la France au moment de l'enfance de Camara Laye).

❹ Le personnage dominant semble être la mère. C'est elle qui parle le plus longuement.

Exploration

❶ La mère devance les deux hommes et leur oppose un non catégorique si leurs propos concernent « le départ du petit ».

❷ Réponse libre. Un tel départ peut représenter une poursuite d'études intéressantes et bénéfiques pour le fils, lui permettant d'obtenir des diplômes élevés qui lui seront utiles pour sa vie future.

❸ Pour défendre son point de vue, la mère convoque des souvenirs qui lui ont été douloureux : il lui a fallu envoyer le fils à Conakry, il y a été malade, à présent on lui demande de l'envoyer en France. Elle en veut à son mari de la priver de son fils, de ne pas se contenter du niveau que l'enfant a atteint, de vouloir la faire devenir folle en l'envoyant si loin d'elle.

❹ Lorsqu'elle s'adresse à son fils, elle le traite d'« ingrat », c'est-à-dire d'égoïste. Elle lui reproche de ne penser qu'à lui et de vouloir fuir sa mère, de s'éloigner d'elle (« Tous les prétextes te sont bons pour fuir ta mère ! »). Elle lui interdit de partir en France et lui impose de rester (« Tu resteras ici ! Ta place est ici ! ») auprès d'elle.

❺ Au moment de parler de l'avenir de son fils, la mère pense à elle-même : elle ne laisse aucun choix au garçon. Sa position peut sembler égoïste, dure. Cependant, c'est son amour de mère qui parle et qui ne peut supporter ce long futur de séparation. Elle dramatise la situation en s'imaginant mourir loin de son fils, mais cette dramatisation peut aussi être interprétée comme l'expression de l'amour maternel.

❻ « Ils » représente le directeur et les professeurs de l'école de Conakry, qui sont des Français, les colonisateurs (« à quoi pensent-ils dans ton école ? »). Elle leur reproche de lui avoir pris son fils : « Tant d'années déjà, il y a tant d'années déjà qu'ils me l'ont pris ! ». Elle se demande aussi si « ces gens-là », les Français, ont une mère et donne immédiatement la réponse : non, ils n'en ont pas puisqu'ils sont venus jusqu'ici, en Guinée, si loin de la France (l.15,16,17). Elle leur reproche aussi de vouloir emmener son fils chez eux en France (« Et voici maintenant qu'ils veulent l'emmener chez eux !... »), imposant à l'enfant, mais en sens inverse, le même voyage, le même exil, les mêmes séparations que les colons français ont vécus. Réponse libre.

❼ Le père et la mère s'opposent sur l'importance des études à poursuivre en France, la manière de vivre des « Blancs », sur ce qu'il adviendra du fils dans ce pays lointain. La mère se préoccupe de la vie quotidienne de l'enfant : « Sais-tu seulement comment on vit là-bas ?/qui prendra soin de toi ?/Qui réparera tes vêtements ?/Qui te préparera tes repas ? » Elle sait que les Français ne mangent pas comme les Guinéens et pense que l'enfant tombera malade. Elle reste dans son rôle de mère, de maternage et son amour maternel est plus fort que tout et la rend sourde à tout raisonnement. Le père est pragmatique : l'important n'est pas la différence de nourriture, mais le fait que « les Blancs ne meurent pas de faim », donc que son fils pourra manger correctement, quel que soit le contenu de son assiette. Dans cet extrait, la mère reste dans le présent de son amour pour son fils, le père se projette dans le futur et pense à ce que pourraient représenter des études en France pour l'enfant.

❽ Réponse libre.

Marguerite YOURCENAR

Découverte

❶ Réponse libre. Le titre se compose d'une question et d'une réponse. Il s'agit d'un emprunt à un poème de Rimbaud (« Elle est retrouvée/Quoi ? L'éternité »).

❷ L'histoire se passe à Paris, vers 1912. Il y a trois personnages : la narratrice, son père Michel et sa gouvernante (une femme qui s'occupe d'une partie de son éducation). Il s'agit d'un milieu social favorisé (une famille aristocratique) : la gouvernante est employée par la famille pour s'occuper de l'enfant.

❸ **Les auteurs :** « Racine, Saint-Simon, Chateaubriand, Flaubert, Anatole France, Loti, Shakespeare » ; **les peintres :** « Poussin, Claude Lorrain, Vinci » ; **les musées :** « le Musée de Cluny (musée consacré au Moyen âge), le Louvre » ; **les monuments historiques :** « la Sainte-Chapelle, la Fontaine des Innocents (dans le 1er arrondissement), la Chapelle Expiatoire (située dans le 8e arrondissement, 29, rue Pasquier, c'est un monument en mémoire du roi Louis XVI et de la reine Marie-Antoinette, construit entre 1815 et 1826, à l'endroit où les souverains ont été enterrés après avoir été guillotinés les 21 janvier et 16 octobre 1793. À l'époque, cet endroit était un cimetière), les Invalides (où se trouve le tombeau de Napoléon) ; **les Antiquités :** « les thermes romains » (à Paris, tout à côté du musée de Cluny. Ce sont d'anciens bains, construits à l'époque où les Romains occupaient la Gaule, c'est-à-dire la France), « le Parthénon » (à Athènes).

❹ La narratrice parle de son éducation, du rôle de son père et de sa gouvernante dans cette éducation. Il s'agit d'un roman autobiographique (présence d'un « je »).

Exploration

❶ Le pronom personnel « elle » renvoie à la gouvernante qui devait enseigner « le calcul » à la narratrice. Cette dernière la juge sévèrement : « Elle enseignait mal » cette matière puisqu'elle a dû « réapprendre plus tard ». C'est le jugement rétrospectif de Yourcenar qui s'exprime ici.

❷ La gouvernante est désignée comme une personne très vieille (« l'antique Mademoiselle »). C'est l'enfant qui parle ici : peut-être que cette femme n'est pas aussi âgée que le pense la narratrice. Elle est décrite par une attitude, « m'attendait » verbe qui, dans le contexte, peut signifier la soumission que lui impose son travail de gouvernante auprès d'une petite aristocrate. « Emmitouflée » renvoie aux images stéréotypées des vieilles personnes, que l'on représente souvent frileuses, souffrant sans cesse du froid. Elle avait un grand-père royaliste qui avait servi dans l'armée de Napoléon et dont le tombeau est devenu « sacré » pour elle. Elle s'inscrit dans une histoire qui n'est pas celle des révolutionnaires. Elle devait sortir la narratrice, lui faire visiter les lieux culturels de Paris, les monuments prestigieux (la Sainte-Chapelle, le musée de Cluny, La Chapelle Expiatoire, le Louvre…). En observant un plan de Paris, elles sont tour à tour dans le 5e arrondissement pour la Sainte-Chapelle, le Musée de Cluny et ses thermes romains, le 1er pour la Fontaine des Innocents, le 8e pour la Chapelle Expiatoire et le tombeau de l'empereur Napoléon.

❸ Michel enseigne la grammaire, donc la norme de la langue, l'anglais et le français (c'est l'ouverture aux langues, et aussi assurer à sa fille une compétence bilingue) et les lectures d'œuvres de littératures française et étrangère. Il choisit la littérature française classique avec les grands moralistes (Saint-Simon), mais aussi contemporaine avec Anatole France et Pierre Loti, le théâtre classique (Racine), les grands auteurs du romantisme et du réalisme (Chateaubriand et Flaubert), Shakespeare pour le théâtre élisabéthain.

❹ Dans cet extrait, Yourcenar écrit : « De la neuvième à onzième année ». Elle est née en 1903 et le passage proposé concerne une période située autour de 1912. On peut donc considérer que l'auteure a environ 8-9ans, peut-être un tout petit peu plus si l'on s'attache à ce qui est écrit. À cet âge, son père lui lit des auteurs considérés comme difficiles et qui, en France, ne sont abordés qu'à la fin du collège, à travers des extraits, puis au lycée : Saint-Simon, Racine, Chateaubriand, Flaubert, Shakespeare. Au regard de nos critères contemporains d'évaluation des compétences de compréhension des enfants, ces lectures ne sont pas adaptées à l'âge de la narratrice. Mais son père est un homme d'un milieu aisé, il est extrêmement cultivé et il est essentiel pour lui de transmettre cette culture à sa fille.

❺ Chez la narratrice, la fréquentation du musée du Louvre fait naître un sens esthétique : « le goût de la couleur et des formes », et une sensibilité à la beauté et à la sensualité éveillée par « la nudité grecque » des nombreuses statues du musée. Au-delà de tout cela et grâce à tout cela, cette fréquentation des œuvres d'art la ramène à la vie dans tout ce qu'elle a de plus enivrant et de plus lumineux : « le plaisir et la gloire de vivre ». L'auteure annonce cette transformation en parlant de « quelque chose d'à la fois abstrait et divinement charnel ». Le terme « abstrait » peut renvoyer au sens esthétique qu'elle a développé ou à quelque chose qui s'est passé en elle et qu'elle ne peut exprimer ; « divinement charnel » est un oxymore car le divin, généralement, ne fréquente pas le charnel. Dans cette expression, c'est le corps, la chair qui accède au divin, à l'inexprimable par le ravissement sensuel, par la sensualité même, que provoque la rencontre avec les œuvres d'art.

❻ La phrase « Les grands arbres de Poussin et les bocages de Claude Lorrain prenaient racine en moi » développe la métaphore de l'enracinement et d'une interaction entre les tableaux et la narratrice. C'est à la fois l'image des arbres qui prennent leurs racines dans la terre et la représentation picturale, artistique de la nature qui sont évoquées ici. L'œuvre d'art s'imprègne (« prend racine en moi ») dans la narratrice, dans son corps et son esprit et la renvoie aussi à d'autres formes d'enracinement, notamment celles d'être sur cette terre, enracinée à ce monde.

❼ M. Yourcenar n'a jamais fréquenté l'école (ce qui n'est pas dit dans ce fragment) : son père et des gouvernantes ont assuré son éducation. Enfant privilégiée, elle a reçu une éducation de haut niveau, humaniste, qui s'appuyait sur une littérature fortement légitime, reconnue, les grands classiques, mais aussi ouverte aux auteurs contemporains. Cette éducation s'appuyait aussi sur la fréquentation assidue des lieux culturels et sur la confrontation non moins assidue des œuvres d'art, elles aussi hautement légitimées. Cette éducation l'a ouverte au monde, à l'émerveillement du monde, à la sensualité. Elle l'a rendue présente au monde.

❽ À la différence de Yourcenar, la narratrice du *Ventre de l'Atlantique* est issue d'un milieu social défavorisé ; elle doit tout à l'école et à son instituteur, en particulier la découverte des grands écrivains français et étrangers. Elle ne cite pas les mêmes auteurs que Yourcenar, mais ceux qu'elle cite, Descartes, Hugo, Molière, Balzac, Dostoïevski appartiennent à n'en pas douter aux lectures de Yourcenar. Quant à Marx, nous ne nous engagerons pas sur des suppositions de lectures partagées !!! Fatou Diome a lu les écrivains dits « francophones » (Senghor, M. Ba, ses compatriotes, et Césaire) ainsi que des écrivaines dont Beauvoir, M. Ba et… M. Yourcenar ! Toutes les deux sont femmes, l'une belge, l'autre sénégalaise, toutes les deux ont le français comme langue d'écriture, toutes les deux ont affronté les enfermements des milieux sociaux dans lesquelles, par hasard, elles sont nées, et se sont avancées vers des « lumières », leurs lumières, nourries et portées par la littérature.

Vassilis ALEXAKIS

Découverte

❶ Le titre du roman est *Paris-Athènes*. Il indique un sens, une direction qui va de la capitale de la France vers celle de la Grèce. C'est comme un retour sur les lieux d'origine puisqu'Alexakis est né à Athènes.

❷ *La langue maternelle* (1995), *Les mots étrangers* (2002) sont des titres de romans qui ont pour sujets la réflexion sur la langue.

❸ Le sujet du paragraphe 1 est consacré au souvenir de l'apprentissage du français ; le paragraphe 2 est une réflexion sur le choix du français.

❹ Alexakis a appris le français à « l'Institut français d'Athènes » et l'anglais dans un « autre institut privé ». Il avait alors 10 ans.

Exploration

❶ Pour de nombreux parents grecs, apprendre d'autres langues que le grec représente « une possibilité d'ouverture et de progrès ». Ils sont conscients que le repli sur soi n'aidera en rien le pays ni leurs enfants qui grandiront, voyageront, étudieront ailleurs. Les Grecs sont aussi conscients que leur langue est peu parlée dans le reste du monde et que la seule solution est d'apprendre d'autres langues.

❷ Cette réflexion peut être valable pour tous les pays. Apprendre une autre langue, c'est montrer de l'intérêt à ce qui ne nous appartient pas, cela fait partie d'une ouverture au monde, aux autres. Réponse libre.

❸ Alexakis entretient un lien tellement fort avec le français qu'il dit qu'il serait très mal, « bouleversé » s'il devait un jour arrêter de parler cette langue. C'est sa langue d'adoption, il l'a élue et il ne peut/veut plus s'en séparer.

❹ Dans la phrase suivante, « Renoncer à cette langue (...) prendre congé de moi-même. » l'auteur dit que le français fait partie de lui-même et qu'y renoncer reviendrait à abandonner une partie de lui-même (« prendre congé de moi-même »), à s'amputer. Réponse libre.

❺ Malgré tous les romans écrits en français, Alexakis est considéré comme « un auteur grec » et les Grecs auraient de bonnes raisons de le classer dans la catégorie des « auteurs étrangers », puisqu'il a peu écrit dans sa langue maternelle. Le choix des premiers se focalise sur le pays de naissance, celui des seconds sur la langue d'écriture. En recourant à la métaphore du bâton (« une hampe ») auquel il manque un drapeau, Alexakis se considère comme un écrivain auquel manque sa langue en tant que réellement langue d'écriture.

❻ L'auteur constate que d'autres auteurs grecs ont écrit dans une autre langue que la leur et notamment en français, mais qu'il ne connaît aucun écrivain français qui a écrit dans une autre langue. Réponse libre.

❼ Réponse libre. Le classement des auteurs est problématique en France. Très souvent, est considéré auteur français tout homme ou femme né en France, de parents français. Certains comme Ionesco, Camus, Beckett ont très rapidement été classés en littérature française et d'autres comme Kundera, les auteurs d'Afrique, d'Asie, etc. sont classés en littérature étrangère ou francophone.

TRAN-NHUT

Découverte

❶ L'histoire se passe dans l'empire du Vietnam, au XVIIe siècle.

❷ Les personnages sont le maître d'école et les élèves (dont Pastèque). Ils sont vraisemblablement dans une salle de classe.

❸ Le texte est composé de parties dialoguées et de parties narratives.

❹ Le maître s'adresse à un élève nommé Pastèque, qu'il commence par féliciter : « Ton texte est, ma foi, bien écrit ». Les élèves sont contents, « joyeux ». On peut supposer que pour eux, le cours se déroulera dans une ambiance détendue. Réponse libre. Le maître peut continuer de féliciter Pastèque, d'autres élèves, rendre les copies, commencer une nouvelle leçon.

❺ Réponse libre.

Exploration

❶ L'adverbe « cependant » marque une rupture, un changement (comme **mais**) et les points de suspension soulignent une interruption dans les propos du maître. Un suspense s'instaure qui dramatise la situation.

❷ Les mots/expressions qui traduisent la colère du maître sont : « les yeux (…) lançaient des éclairs meurtrier/les cheveux hérissés de colère/il tonitruait/le typhon/en grondant ».

❸ Le verbe « gronder », les noms « éclairs », « typhon » renvoient à la nature qui se déchaîne et qui devient dangereuse : on dit de l'orage qu'il gronde et ses éclairs peuvent tuer (dans le texte, ils sont d'ailleurs qualifiés de « meurtriers »), la force du cyclone est dévastatrice. Le champ sémantique de la colère dévastatrice et dangereuse pour les élèves est très important dans l'extrait. Le maître est dans un moment de grande violence.

❹ Elles viennent de la même « province du sud » où on leur a inculqué/appris une fable à propos du sacrifice de soi, basée sur une pensée du philosophe Confucius. Chacune a transmis à son fils cette histoire afin de l'« édifier », de le rendre meilleur : il s'agit d'une fille qui se coupe le bras et le fait cuire, le donne à manger à sa mère qui est devenue aveugle parce qu'elle meurt de faim. C'est un exemple de sacrifice de soi, de renoncement suprême.

❺ Le maître accuse l'élève d'avoir pris (« voler ») une histoire déjà existante, de se l'être accaparée et d'avoir fait croire qu'il l'avait inventée. Il lui dit qu'il est un « usurpateur », c'est-à-dire un voleur qui n'a rien trouvé ni pensé, qui n'a fait que reprendre la fable que sa mère lui a racontée. Le maître est à la fois extrêmement violent et méprisant envers Pastèque qu'il juge stupide : « ton cerveau de simplet », trop peu intelligent pour comprendre « l'idée du suprême renoncement ».

❻ Cet exercice suppose une expérience de la vie et une réflexion sur cette expérience. C'est une idée philosophique qui doit mobiliser des capacités d'analyse et de réflexion très développées. Il y a fort à parier que l'exercice doit être particulièrement difficile pour un enfant.

❼ Que l'enfant soit rappelé à l'ordre parce qu'il a triché, parce qu'il a volé, parce qu'il a trompé le maître est compréhensible. Qu'il soit puni avec une telle violence est en revanche très choquant d'autant plus que la dernière phrase est bien loin de la rigueur morale que le maître entend transmettre. En fait, ce que reproche vraiment le maître, ce n'est pas tant que Pastèque ait triché, mais qu'il se soit fait prendre, que sa tromperie ait été découverte. Finalement, il est permis de voler, de tromper, à condition que cela ne soit pas découvert. Ce n'est plus une leçon de morale, mais une invitation à savoir être hypocrite !

❽ Réponse libre.

Fatou DIOME

Découverte

❶ Réponse libre. Les interprétations de cette métaphore sont plurielles. « Le ventre » renvoie à celui de la femme qui donne la vie. Il peut aussi renvoyer au ventre de l'océan Atlantique, le plus profond de l'eau, dernier tombeau des Africains qui se jetaient des bateaux négriers pour échapper au sort d'esclave qui leur était réservé. C'est l'océan Atlantique qui mène les immigrants vers l'Europe, à la fois espoir et désespoir.

❷ Le chiffre 4 correspond au numéro de chapitre. Il y a quatre paragraphes.

❸ Réponse libre. Le passage est écrit en « je ». La narratrice parle de son instituteur qui lui a beaucoup apporté dans sa scolarité.

Exploration

❶ Les paragraphes 1 et 3 ont le même sens (« Bien sûr que je me souviens de lui/Bien sûr que je me le rappelle »). Il est question de « lui/le », pronoms qui font référence à l'instituteur M. Ndétare. La reprise de « Bien sûr » produit un effet d'insistance et d'oralité. On a aussi l'impression que la narratrice s'adresse à quelqu'un, qu'elle répond à une question qui vient de lui être posée.

❷ La narratrice dit de M. Ndétare que c'est un « instituteur déjà vieillissant », qu'il a un visage long et fin (« une lame »), des mains qui ressemblent à un instrument qui sert à ramasser l'herbe (« des fourches ») et de très longues jambes comme des bâtons (« des échasses »). On l'imagine comme une personne très grande et très maigre. Quelque chose d'aigu (« lames/fourches ») se dégage de cet homme, quelque chose d'ascétique.

❸ Monsieur Ndétare est un instituteur qui s'investit beaucoup (« fonctionnaire dévoué ») dans son travail. Il est passionné de littérature, de politique (Karl Marx). Il défend la cause des salariés, des ouvriers : c'est un « syndicaliste » que le gouvernement considère comme une personne dangereuse et qui l'a envoyé enseigner aux « enfants de prolétaires », loin de la ville, dans cette île éloignée (« aux confins du pays »). Le gouvernement a sans doute eu peur des qualités de militant de ce syndicaliste, de son intelligence à ouvrir les consciences. Il l'a éloigné de la ville, de là où se trouvent concentrés les ouvriers, là où sa parole et son analyse sociale peuvent inciter à la révolte. Il l'a sans doute aussi éloigné de ses camarades de combat afin de le neutraliser en l'isolant.

❹ « Je lui dois » est le groupe de mots repris 19 fois ; cette répétition met l'accent sur tout ce que l'instituteur a fait pour la narratrice. Elle lui doit beaucoup puisque c'est grâce à lui qu'elle a acquis toutes les connaissances intellectuelles, qu'elle s'est ouverte au monde, à « la lumière ». Le nombre très important de répétitions joue comme un leitmotiv, une sorte de litanie qui dit l'hommage que la narratrice rend à Monsieur Ndétare.

❺ Les domaines sont : la politique (Montesquieu, Marx, Césaire, Senghor), la philosophie (Descartes, Montesquieu, Marx), la poésie (Hugo, Senghor, Césaire), le roman (Montesquieu, Hugo, Balzac, Dostoïevski, Hemingway, Beauvoir, Yourcenar, Mariama Bâ), le théâtre (Molière), la littérature étrangère (Dostoïevski, Hemingway) et la littérature française. Il y a 3 femmes citées : Beauvoir, Yourcenar et M. Bâ. Beauvoir est connue pour ses travaux sur le féminisme, la condition de la femme ; Yourcenar est la première femme à être élue à l'Académie française en 1981 ; M. Bâ fait partie des grandes écrivaines africaines qui ont contribué à interroger les traditions et ont travaillé pour changer la condition des femmes. Ces écrivaines ont lutté contre les injustices faites à toutes les autres femmes, elles ont mené une vie libre. L'instituteur transmet une éducation ouverte, intelligente, basée sur des lectures diverses telles que la littérature, la politique, la philosophie qui permettent de développer l'esprit critique, d'accéder à une forme de liberté.

❻ Réponse libre. L'instituteur a permis à la jeune fille d'aller à l'école, de combler ses désirs de savoir ; il lui a donc ouvert les portes vers l'ailleurs, la connaissance, la « lumière », qui réfère sans doute aux « Lumières » du XVIIIe siècle. D'une certaine manière, il lui a aussi permis d'aller à Paris, en France où elle a pu poursuivre ses études à l'université. « Les petits pas de french cancan » est un clin d'œil à cette danse très connue, joyeuse, des bals populaires de Montmartre dans les années 1900. À l'idée de gaieté, s'ajoutent la liberté, la provocation, la transgression (cette danse est assez provocante !).

❼ Réponse libre.

Victor GARDON

Découverte

❶ L'extrait proposé est composé de passages dialogués et narratifs.

❷ Réponse libre. Dans la langue arménienne, on utilise l'expression « que ton soleil soit vert » pour souhaiter le bonheur à une personne. Pour les Arméniens, le vert est lié à la nature, à la jeunesse, à quelque chose de positif. On peut dire à une personne qui offre un bon plat : « que tes mains soient vertes », ce qui signifie « qu'elles continuent à avoir cette possibilité de confectionner de bonnes choses ».

❸ L'histoire se passe en Arménie, vers 1915. La résistance des Arméniens à la domination turque avait entraîné de terribles répressions et des massacres en 1894-1896, avant le génocide de 1915-1916. On estime le nombre de morts à 1 500 000 et le nombre de déportés à 500 000.

❹ Il y a Vahram (un petit garçon), son père, sa tante Vartanouyche, ses oncles et sa grand-mère. Il vient leur annoncer l'arrivée de soldats turcs.

❺ Réponse libre. Le personnage de la grand-mère (Grand'Mé) semble dominant. C'est elle qui dirige toutes les opérations pour faire face aux soldats turcs et éviter l'arrestation des hommes.

Exploration

❶ Grand'Mé réagit très rapidement : elle dit aux hommes de fuir (« disparaissez ») par le jardin. Réponse libre. Ce sont des hommes, ils peuvent avoir des armes, comploter contre les soldats turcs, résister.

❷ Lorsque Vahram remarque le revolver oublié sur la table, la peur de la grand-mère est telle qu'elle en appelle la Vierge Marie (« Sainte Mère de la Miséricorde, Vierge

Divine »), elle s'adresse à elle en faisant des signes de croix (signes de croyance religieuse chez les chrétiens). Cette femme fait preuve d'un grand sang-froid, elle est forte face à la situation présente et dans le même temps, elle s'assure la protection divine. Réponse libre.

❸ Elle cache l'arme (le revolver et la cartouchière) autour de sa taille, sous trois de ses cinq jupes. Lorsqu'elle s'inquiète de savoir si cela se voit, le narrateur se fait cette réflexion : « Non, personne ne pouvait se douter qu'elle portait un revolver sous ses jupes ». Effectivement, personne ne peut soupçonner un revolver sous trois épaisseurs de jupes ! De plus, qui pourrait penser qu'une grand-mère puisse faire cela ? Enfin, pour les soldats, seuls les hommes peuvent cacher des armes, et non une femme, *a fortiori* une vieille femme. Elle pense aussi qu'aucun soldat turc n'osera la toucher pour la fouiller. Elle est astucieuse, très habile, car elle joue sur ce qu'elle sait des préjugés des soldats, utilise son âge et sa manière traditionnelle de s'habiller pour cacher le revolver et sans doute sauver des membres de sa famille.

❹ Elle s'adresse aux femmes et à Vahram et leur demande de dire qu'ils n'ont pas vu les hommes depuis quinze jours, qu'ils ne sont pas rentrés. Elle demande aussi de dire qu'ils n'ont pas d'armes, donne une fausse information qu'il faudra répéter aux soldats, et elle ordonne aux femmes de se couvrir le visage. Elle ordonne à tout le monde de se taire et de la laisser parler, puis elle dit au petit garçon d'aller ouvrir la porte sans parler. Grand'Mé joue le rôle de chef de résistance, elle contrôle la situation et endosse toute la responsabilité des opérations.

❺ Les gendarmes cernent, entourent la maison, certains se mettent par deux devant chaque porte, cinq autres armés (« le revolver au poing ») sont devant Grand'Mé qui réagit très calmement et leur souhaite la bienvenue en langue turque. Elle va même jusqu'à leur demander : « Qu'y a-t-il pour votre service ? », c'est-à-dire : « Qu'est-ce que je peux faire pour vous aider ? » De nouveau, elle agit en véritable stratège et le fait d'utiliser le turc montre non seulement qu'elle connaît cette langue, mais c'est aussi un signe d'hospitalité. Elle fait bon accueil à l'ennemi pour mieux le piéger, pour lui faire croire qu'il s'est trompé.

❻ Le brigadier cherche les hommes (les fils) et veut les armes qui seraient cachées dans la maison. Grand'Mé ment et répond sur un ton faussement déférent et inquiet : « Nous sommes de pauvres gens paisibles qui craignons Dieu et le Sultan ». Elle assure les soldats de la soumission de la famille au pouvoir du Sultan, le souverain de l'empire ottoman. Elle demande si leur chef, Sélim Bey, n'est pas loin d'ici pour avoir des nouvelles de ses trois fils. Elle cherche à établir une relation de connivence avec les soldats afin d'endormir leur méfiance et leurs soupçons.

❼ Si la famille arménienne ne fait pas ce que demandent les gendarmes, c'est-à-dire donner les armes cachées, si ces derniers les trouvent, ils mettront le feu à toute la maison. Réponse libre.

Arthur ADAMOV

Découverte

❶ Le titre se compose de deux noms réunis par la coordination « et ». Réponse libre.

❷ Le texte est composé de plusieurs paragraphes (dont certains sont courts) séparés par six blancs typographiques. Au-dessus, on peut lire un chiffre romain (X) et un titre.

❸ Le chiffre romain « X » renvoie au numéro du chapitre (c'est le chapitre 10). Le nom de lieu est Argelès-sur-Mer, situé dans le sud-ouest de la France, dans les Pyrénées-Orientales. L'indication entre guillemets « centre d'hébergement » sonne de façon ironique car il fait penser à un camp de vacances, alors que le centre d'Argelès-sur-Mer était un camp de rétention où étaient emprisonnées toutes les personnes considérées comme ennemies de la nation par le gouvernement de Vichy (juillet 1940-août 1944 ; Pétain a les pleins pouvoirs) pendant la Seconde Guerre mondiale (1939-1945) : Républicains espagnols, Juifs, communistes, Tziganes…

❹ Le premier paragraphe est constitué de trois phrases sans verbe (nominales), très courtes, qui ressemblent à des notes que l'on prend pour un journal de bord, qui disent l'essentiel. La première contient une date (une partie de la France, au nord de la Loire, était sous occupation allemande), la seconde évoque le lieu de détention et la dernière donne une indication sur ce lieu, au moment où le narrateur écrit : il y fait très chaud (« chaleur étouffante »). Il s'agit donc d'un camp de concentration où sont regroupés, en temps de guerre, des étrangers, « les ennemis de la nation », Républicains espagnols, Juifs, communistes, Tziganes…

❺ Adamov a été arrêté sur ordre du gouvernement de collaboration de Vichy pour avoir tenu des propos hostiles à ce régime. À cette époque-là, le général Pétain est à la tête du pays et collabore avec l'Allemagne nazie.

Exploration

❶ Le texte est écrit à la première personne (« je »), qui fait référence à l'auteur, Adamov. *L'homme et l'enfant* est un récit autobiographique, un témoignage qui relate des souvenirs qui ont marqué sa vie.

❷ Les êtres humains sont évoqués à travers ce que l'auteur voit : ils sont très maigres (« décharnés »), n'ont presque pas de vêtements (« aux trois quarts nus »), ils n'ont plus de dents (« édentés »). Cette description horrible donne de ces gens une image de morts vivants. L'état de déchéance physique est renforcé par leur comportement : ils « se pressent, se battent » autour d'une fosse, d'un trou pour attraper de quoi manger, même si ce qui reste des aliments est pourri (« des restes de légumes avariés »), et ne peut être mangé. Mais les personnes sont affamées et mangeraient même de la pourriture.

❸ La règle des camps est de « couper les cheveux » aux prisonniers. Ce sont les Espagnols qui doivent s'acquitter de cette tâche. S'ils refusent d'obéir, ils risquent d'être renvoyés dans leur pays, « donnés à Franco », général qui a écrasé la jeune République espagnole et a instauré une dictature militaire jusqu'à sa mort. C'est la torture, la mort qui les attend.

❹ Dans ce camp, il y a des Espagnols, des Chinois, des Juifs allemands ; l'auteur est né en Russie, il est d'origine arménienne et parle français. De nombreuses nationalités sont réunies dans cet endroit. Certains coupent les cheveux, d'autres pleurent (le Chinois), d'autres encore discutent du prix des denrées alimentaires, d'autres transportent des seaux d'excréments.

❺ Au « bistrot », Adamov a honte de se nourrir (manger et boire) parce qu'il a devant lui des gens qui crèvent de faim et qui sont extrêmement maigres, décharnés (« hommes faméliques »). Ils le « guettent », le surveillent, le regardent manger. Si Adamov peut manger, c'est sans doute qu'il a de l'argent, qu'il est un peu mieux loti que les autres. La loi cynique des camps impose aussi qu'il ne partage pas, de peur de ne plus rien avoir pour lui.

❻ Ce sont des hommes très maigres, qui n'ont plus que la peau sur les os (« faméliques ») qui guettent, observent Adamov. Réponse libre. Chacun se bat contre la mort, se nourrit comme il peut, avec ses moyens. Cet aspect de la vie des camps empêche toute solidarité entre les prisonniers : c'est chacun pour soi.

❼ Dans cet univers où les conditions de vie sont inhumaines, Adamov a cru « devenir fou » en entendant les commerçants juifs allemands discuter du prix des pommes de terre dans le monde, comme s'ils étaient libres et qu'ils exerçaient encore leur métier de petits commerçants. C'est sans doute pour eux une manière de survivre, de ne pas sombrer dans la folie. Adamov semble ne pas comprendre cette attitude, qu'il juge absurde. Il juge ces propos mal venus dans un moment aussi dur. Au paragraphe 7, l'auteur évoque un autre détail de la vie au camp et qui souligne davantage les conditions inhumaines dans lesquelles survivent les prisonniers : les rats, symbole de la saleté du lieu et qui propagent des maladies.

❽ À travers des phrases simples, courtes, allant à l'essentiel, Adamov décrit la vie dans le camp d'Argelès-sur-Mer d'une manière qui peut sembler distante, sans trop laisser transparaître ses sentiments. Il évoque une vie d'hommes réduite à des mouvements mécaniques, une condition de vie misérable qui rabaisse et humilie l'être humain. Cette vie déshumanisée est réduite à la recherche de la moindre chose à manger, même si elle est pourrie.

Jorge SEMPRUN

Découverte

❶ Le titre est composé de deux noms reliés par la conjonction de coordination « ou » permettant plusieurs interprétations. Réponse libre. Le titre met sur le même plan l'écriture et la vie, mais il peut aussi suggérer un choix entre l'une ou l'autre.

❷ Il s'agit du camp de concentration de Buchenwald, l'un des plus horribles construit par le régime nazi, situé en Allemagne. Plus de 50 000 personnes y moururent. En 1945, c'est la fin de la guerre, l'Allemagne capitule le 8 mai 1945.

❸ En 1943, Semprun est arrêté par la police allemande, la Gestapo, puis déporté au camp de Buchenwald à cause de ses activités communistes. Il est resté près de deux ans dans ce camp.

❹ C'est « je » qui parle. Il s'agit du genre autobiographique.

❺ Les autres personnes dont il est question sont les soldats américains et français.

Exploration

❶ Le verbe « rire » est repris sept fois : « Je riais », « ça me faisait rire », « ça me faisait plutôt rire », « est-ce indécent de rire », « une tête à ne pas rire », « à ne pas faire rire », « je ris encore ». Le narrateur rit de joie, il est heureux de se retrouver en liberté, d'être vivant ; tout le fait rire. Or, au regard de la situation, de ce qu'il a vécu dans ce camp, de toutes les personnes qu'il a vu mourir, il ne devrait pas. Il y a quelque chose d'indécent dans ce rire et de tellement humain.

❷ Les officiers restent « silencieux » et ne parviennent pas à regarder le narrateur (« évitent de me regarder »). L'un « a la bouche sèche » tellement il est mal à l'aise, l'autre a des tics nerveux, le troisième fait semblant de chercher quelque chose dans sa poche, ce qui « lui permet de détourner la tête. » Tous sont gênés par l'attitude de ce prisonnier. Ils ne comprennent pas.

❸ Réponse libre. Semprun est conscient de la « tête » qu'il a : il est sans doute très maigre et son physique doit faire peur. De plus, il est encore dans le camp, où la mort est partout. Dans ces circonstances, le rire est indécent. Mais il choisit de rire, car le rire, c'est la vie. Réponse libre.

❹ Le mot « fumée » et le verbe sont repris sept fois. L'auteur insiste sur la permanence de la fumée qui ne quitte pas l'univers du camp et qui vient des fours crématoires où les nazis brûlaient les corps des prisonniers et qui envahit toute l'atmosphère, la rendant irrespirable et inscrivant la présence de la mort dans tous les instants.

❺ Pour les soldats, la fumée renvoie aux « cheminées qui fument », « Rurales à l'occasion, domestiques ; fumées des lieux-lares ». Ce sont les fumées des maisons familiales, du foyer qui sont évoquées ici. Elles sont rassurantes, familières. Or, pour les prisonniers, la fumée signifie les corps brûlés, les personnes tuées ou mortes d'épuisement, de maladie. C'est la fumée qui signifie la mort. Les soldats ne peuvent même pas imaginer, ni comprendre ce qui s'est passé dans le camp : « Cette fumée-ci, pourtant ils ne savent pas »/« jamais ils ne sauront ». Pour comprendre, il faut avoir vécu dans ce lieu d'enfer et de désespoir.

❻ Le four crématoire est omniprésent dans le camp d'extermination. Personne ne peut l'ignorer à cause de son aspect « massif », à cause de la fumée qui a fait fuir même les oiseaux, à cause des « flammes, la nuit ». Il est toujours en activité, le jour comme la nuit. La mort œuvre en permanence. La force de Semprun est de parvenir à transmettre l'indicible avec des mots simples, des phrases courtes ou nominales, à travers une écriture qui semble vidée d'affect et qui pourtant, parvient à transmettre l'horreur.

❼ Pour les rescapés, il était quasi impossible de raconter l'horreur des camps : ceux qui ne l'avaient pas vécue ne comprenaient pas, ne pouvaient pas comprendre. Au drame de ce qui a été vécu, s'ajoute pour eux la tragédie de l'incompréhension. Les rescapés des camps étaient voués au silence. Réponse libre.

Élie WIESEL

Découverte

❶ L'histoire se passe en 1944, en Hongrie. Il y a Gamliel, un jeune garçon, ses parents et une femme hongroise. C'est la Seconde Guerre mondiale ; la Hongrie est envahie par les Allemands. Les parents de Gamliel sont juifs et, à cause de cela, son père est déjà en prison et sa mère s'apprête à fuir le pays. L'enfant est confié à la femme hongroise qui accepte de le cacher ; il doit changer de nom.

❷ Réponse libre. C'est la Seconde Guerre mondiale ; les Juifs sont traqués, arrêtés, envoyés dans les camps de concentration du régime nazi.

❸ Le texte est composé de parties dialoguées et de parties narratives. Réponse libre.

Exploration

❶ L'enfant refuse de changer de nom et il le manifeste d'une « voix résolue », décidée. Le refus est souligné par la succession des deux phrases négatives (« Je **ne** suis **pas** Péter, je **ne** veux **pas** être… »), qui soulignent une volonté très ferme et par la reprise du pronom personnel « je » qui le met en position de sujet, acteur de ce qu'il dit.

❷ Il refuse le prénom Péter car il ne l'a pas reçu dès la naissance, ce n'est pas son prénom. Avec le prénom Gamliel, il revendique un lien avec le passé, lien qui existe grâce à son grand-père qui lui a donné son nom. L'enfant refuse la rupture que lui impose ce nouveau prénom, le changement d'identité. Il choisit de s'inscrire dans l'histoire familiale qui est la sienne, que son grand-père a commencé à lui transmettre avec le prénom de Gamliel.

❸ La mère rappelle à son fils qu'être Juifs, c'est risquer à tout moment de mourir. En disant « nous sommes tous en danger », elle parle de tous les Juifs. La personnification de la mort rend l'image d'autant plus forte. On a l'impression qu'elle agit comme force inéluctable, qui ne rate jamais son but ; elle « guette », « traque » ; « Elle ne sera jamais tranquille tant qu'elle sentira notre souffle ».

❹ La discussion porte sur la séparation qui devient inéluctable et urgente et le refus du fils de se séparer de sa mère. L'enfant a une confiance absolue dans son père, il est persuadé qu'il viendra les sauver. Il oppose un refus têtu à sa mère : « j'attendrai ».

❺ La mère a pu quitter son fils grâce à une dose de médicaments qu'elle a mis dans son chocolat ; l'enfant, endormi, n'a pas souffert du moment de la séparation. C'est Ilonka qui lui remet une lettre dans laquelle la mère lui raconte ce qui s'est passé. Dans cette lettre pleine d'amour, porteuse de message d'espoir, le fait que la mère écrive « Nous avons décidé de t'endormir, mon amour » est dramatique car par ce geste, même si c'est un geste d'amour (« C'était pour ton bien »), elle a empêché le petit garçon de lui dire au revoir, de l'embrasser une dernière fois.

❻ C'est le narrateur adulte qui fait ce commentaire. « Ce jour » fait référence au « Un jour, mon petit grand garçon, tu comprendras » dont parle la mère, c'est-à-dire au jour où la guerre sera terminée, où ils se retrouveront. La tragédie qui s'est jouée est celle de la Shoah, celle de millions de Juifs, qui a happé la mère de Gamliel.

❼ Le titre est *Le temps des déracinés*. Réponse libre. Le déraciné symbolise celui qui n'a plus rien, qui doit tout quitter. L'œuvre de Wiesel est essentiellement nourrie du génocide des Juifs, du souvenir de la Shoah. Lui-même a connu la déportation et est le seul survivant de sa famille.

❽ Réponse libre.

Anna MOÏ

Découverte

❶ Le titre du passage proposé est « Des gens ordinaires ». Réponse libre. On pense évidemment aux personnes simples, ordinaires, des gens comme n'importe qui.

❷ Réponse libre. Le riz est *noir* parce qu'il y a des mouches, de petites bêtes noires sur le riz donné aux prisonniers.

❸ L'histoire se passe au Vietnam, pendant la guerre, en 1968 ; (La guerre du Vietnam a duré de 1965 à 1975. En 1973, les derniers soldats américains quittent le pays et en 1975 celui-ci est unifié sous l'autorité du gouvernement communiste de Hanoi. Saigon, capitale du Sud Vietnam, est rebaptisée Hô-Chi-Minh-Ville). Les deux personnages sont la narratrice (15 ans) et sa sœur. Elles sont emprisonnées dans la prison de Poulo Condor, au large de Saigon parce qu'elles sont accusées d'avoir posé une bombe. L'arrestation des deux filles fait écho au titre du chapitre I « La capture » (prendre quelqu'un, l'attraper).

❹ Réponse libre. Les « gens ordinaires » est un titre particulièrement ironique, à l'humour grinçant ; il s'agit en fait des tortionnaires, ceux qui frappent, torturent, humilient les prisonniers.

Exploration

❶ Le texte est écrit à la troisième personne et le « je » de la narratrice semble totalement effacé dans ce récit. On a l'impression de lire un texte documentaire, un reportage sur la vie des tortionnaires et le supplice infligé aux prisonniers. Cette description quasi objective, l'absence d'expression des sentiments, produit un effet de distance, comme si la narratrice voulait transmettre ce qu'elle avait vu, sans faire partager son point de vue.

❷ Les « tortionnaires » sont des hommes qui travaillent pour l'État (« des fonctionnaires »). Ils passent leur temps à « torturer » et ce, aux heures d'ouverture des bureaux. En travaillant à heures fixes (de 7 h à 11 h le matin, ils rentrent déjeuner chez eux ; puis ils reprennent vers 14 h pour finir à 18 h). En accomplissant ces tâches, selon un emploi du temps fixe, on peut en effet les classer parmi les « gens ordinaires », comme si ce qu'ils faisaient était comparable à n'importe quel autre travail de fonctionnaire. L'heure des repas et de la sieste est mise sur le même plan que les séances de torture puisque ces activités font partie de l'emploi du temps des bourreaux. Cette banalisation est effectivement choquante.

❸ Tien est un « tortionnaire expérimenté », il connaît son métier. Son rôle est d'« identifier le passage crucial, de vie à trépas », c'est-à-dire le moment qui peut faire basculer le prisonnier dans la mort. Son objectif est de faire parler les prisonniers. Il arrête donc les tortures au moment précis où ceux-ci sont parvenus aux limites de leur résistance et ne sont pas encore entrés dans la mort. C'est sa « longue pratique » de la torture qui le différencie des autres tortionnaires : il sait arrêter le fouet ou la matraque quand il faut, il sait débrancher le générateur au juste moment.

❹ Les détails concernant **les corps des personnes torturées** : « corps tuméfié, brûlé par les décharges électriques, l'arme électrifiée est appliquée sur les doigts, les oreilles, le bout des seins, introduite dans la bouche ou le vagin » ; **les instruments de torture** : « les décharges électriques, le fouet en queue de raie, la matraque, les fils » ; **l'action de Tien** : « sait arrêter le fouet (…) et débrancher le générateur », il applique l'arme sur les doigts… ses mains tiennent les fils électrifiés. Cette accumulation de détails construit une description quasi-clinique de la torture et parvient à en transmettre l'insondable horreur. Sans jamais parler de la souffrance des suppliciés, Anna Moï la rend cependant palpable, fait ressentir l'insoutenable douleur.

❺ Le regard du supplicié voit les « longs doigts fins » de sous-officiers et non « les mains de tortionnaires », comme s'il y avait une impossibilité absolue pour le prisonnier torturé à associer l'homme, le sous-officier ici, avec le tortionnaire qu'il est, de fait.

❻ Réponse libre. Quand Anna Moï écrit : « Un homme intervient toujours pour doser la souffrance… », elle signifie que l'action de torturer est une action consciente et donc que le tortionnaire est responsable de ses actes. Réponse libre.

❼ Réflexion à développer en groupe.

Irène NÉMIROVSKY

Découverte

❶ Réponse libre. On peut supposer que le roman a à voir avec la France, qu'il a été écrit après un premier ouvrage, ou que l'histoire narrée est la continuation ou la répétition d'une précédente, un peu semblable... *Suite française* a été écrit en 1942, pendant la Seconde Guerre mondiale.

❷ Irène Némirovsky a fui la Russie, s'est installée en France avec sa famille. Elle subit les lois antisémites de 1940-1941. La nationalité française lui est refusée, elle portera l'étoile jaune et sera déportée à Auschwitz où elle mourra peu de temps après. Elle a vécu 39 ans. C'est sa fille qui a conservé le manuscrit pendant près de 60 ans.

❸ L'histoire se passe en France, au printemps 1941. Le pays est occupé au nord-est par l'armée allemande. Le gouvernement de Vichy du général Pétain s'oriente vers une politique de collaboration avec le régime nazi.

❹ Le mot « *Verboten* » est un mot allemand et il signifie « interdit ». Il est repris 4 fois dans le texte. Ces répétitions insistent et sonnent comme une litanie, un martèlement qu'il faut incorporer, intégrer. « Interdit » symbolise la loi de l'occupation.

❺ Les personnages en présence sont les soldats allemands et les gens (leurs logis) du village (le bourg). Leur relation s'établit sur un rapport de domination : les Allemands ont « pris possession de leurs logis », ils s'installent où ils le souhaitent. Ils sont les maîtres.

Exploration

❶ Réponse libre. On peut commencer par un gros plan sur les têtes des soldats, montrer la raideur de la posture (« la tête dressée haut »), puis filmer les pieds (les bottes sur les pavés), faire entendre le bruit, puis finir sur un plan d'ensemble ou une vision en surplomb des soldats dans la rue. Les soldats sont seuls ou par deux (« couples »), marchent en faisant du bruit (« sonner leurs bottes sur les pavés »), ils n'ont rien à faire (« désœuvrés »), sinon établir leur ordre. Ils occupent l'espace, empêchent les gens de circuler (« la longue file d'uniformes verts barrait le passage aux paysans. »). Une telle situation risque de rendre les gens du village encore plus hostiles, et ainsi fournir aux soldats l'occasion de se montrer agressifs.

❷ « La longue file d'uniformes verts » désigne les soldats bien alignés. La synecdoque est une figure de style souvent nominale et est utilisée pour désigner le tout par la partie (ex : « les mortels » pour « les hommes »). Ici, le féminin « la longue file » renvoie à un pluriel (les soldats) et focalise sur la longueur de la file, donc le nombre important de soldats. Les hommes sont désignés par la couleur de leurs uniformes. On a l'impression d'avoir un « tout » vert, un bloc indissociable qui symbolise l'armée allemande, dont les uniformes étaient de cette couleur.

❸ Lorsque les soldats s'arrêtent, ils empêchent les paysans de continuer leur route. Ces derniers font le geste d'enfoncer « leurs casquettes sur le front », se détournent, choisissent un autre chemin pour regagner « les champs ». Ils ne se parlent ni ne se regardent. L'expression « sans affectation » nous apprend que les paysans ne paraissent pas se formaliser de l'attitude des soldats. C'est une manière de montrer leur indifférence, même si celle-ci est feinte.

❹ Le garde champêtre colle des affiches sur les murs des bâtiments. Ce sont les gradés allemands qui lui ont ordonné de faire cela : « sous la surveillance de deux sous-officiers ». Les affiches sont des propagandes et leurs messages clairs ; elles représentent un soldat allemand qui nourrit des enfants français, des caricatures de la domination anglaise et « de la tyrannie détestable du Juif ».

❺ La phrase entre guillemets « Populations abandonnées, faites confiance aux soldats du Reich ! » est constituée d'une apostrophe (« populations abandonnées ») qui donne l'impression que le message véhiculé est du côté de ceux qui n'ont plus rien ; puis de l'injonction (« faites confiance… ») qui sonne comme un conseil ou un ordre. La phrase met ainsi en parallèle la population d'un côté et les soldats du Reich de l'autre. Le message est clair : les gens n'ont plus d'issue, plus de choix. Ils se voient obligés de faire confiance à une armée d'occupation, et pas n'importe laquelle puisque c'est celle du « Reich ».

❻ La propagande nazie repose sur la peur de l'autre (les Anglais, les Juifs, les communistes, les Noirs, les homosexuels, …) et sa diabolisation. C'est aussi la théorie du complot qui est mise en avant : « la domination anglaise ; la tyrannie détestable du Juif ». Cette propagande s'appuie également sur des caricatures des personnes concernées qui visent à les rendre ridicules, qui les font paraître méchantes, dangereuses. L'objectif poursuivi est de construire l'image de l'ennemi, que les populations s'habituent peu à peu à l'incorporer et donnent leur assentiment, même muet, lorsque « l'ennemi » est pourchassé, arrêté, torturé, exterminé. C'est ainsi que plus de 6 millions de Juifs ont péri dans les camps de concentration, dans un silence assourdissant.

❼ La fin de ce paragraphe est ponctuée par la reprise du verbe « interdire », rendant ainsi mieux compte de l'univers de terreur que faisait régner le régime nazi : interdit de garder des armes à feu, d'accueillir des étrangers, des prisonniers, d'écouter la radio, de refuser l'argent allemand. Tous ces interdits étaient suivis d'une menace de mort (« sous peine de mort »).

❽ La haine de l'Autre, ici des Juifs, a conduit à l'extermination de millions de personnes. En hébreu, le mot « Shoah » signifie « anéantissement » et renvoie à l'extermination d'environ 6 millions de Juifs par les nazis pendant la Seconde Guerre mondiale. Dès 1933, le IIIe Reich a mis en place des lois (retrait de la nationalité allemande, retrait des biens et des entreprises juives), des pratiques d'ostracisme comme la concentration de Juifs dans des ghettos, qui visaient leur destruction. En janvier 1942, est adopté le projet de « la solution finale ».

Nancy HUSTON

Découverte

❶ L'histoire se déroule en Allemagne, entre 1944 et 1945. C'est la Seconde Guerre mondiale.

❷ Il y a la narratrice, Kristina qui a 6 ans, sa famille qui accueille un jeune garçon polonais, Johann.

❸ Le titre est *Lignes de faille*. Réponse libre. Le IV correspond à la 4e partie du roman qui porte comme titre le prénom de la narratrice en lettres majuscules, suivi d'une date correspondant à la période de la guerre et que l'on retrouve dans le chapeau.

❹ Le texte est composé de parties narratives et dialoguées, lorsque les personnages discutent.

❺ La narratrice parle avec Johann.

Exploration

❶ Les mots de langue étrangère sont : « dobrze, tak, z'aden, Jestem waszym còrka ». Il s'agit de mots en langue polonaise que Johann apprend à Kristina. Elle a envie de tout apprendre, de continuer ses discussions secrètes avec Johann. Réponse libre. Un lien fort s'est établi entre eux.

❷ Les « sœurs brunes » sont des religieuses habillées de robes marron (ou noires) ; elles ont pour rôle de conduire, d'accompagner les enfants polonais, par le train, vers un lieu (Kalisz), puis les livrent à des hommes en blouse blanche, sans doute des médecins, mais « peut-être pas » souligne Johann. On peut se poser la question des interventions de ces religieuses, dont le rôle est de prier Dieu et d'aider les gens.

❸ Les « hommes en blouse blanche » « mesurent » les parties du corps des enfants, observent la manière dont sont disposés les sourcils, les grains de beauté, voient s'ils sont en bonne santé, leur font subir des tests d'intelligence. Les enfants sont jugés sur des critères physiques et intellectuels : s'ils ne réussissent pas aux tests, s'ils ont les sourcils trop proches, un grain de beauté, un nez trop grand, le sexe trop petit (des choses trop petites), les pieds de travers, « ceux qui n'ont pas les bons scores sont renvoyés ». On peut souligner que les critères sont particulièrement aléatoires (un nez trop grand, des choses trop petites, les pieds tournés comme si ou comme…). Les médecins font « le tri » et sélectionnent les enfants selon leurs critères qui ne sont jamais précis ni explicités. Cette attitude est à l'encontre des diagnostics scientifiques que l'on attendrait de cette profession.

❹ Les phrases sont courtes. Elles sont parfois constituées d'un seul un mot (« Non. Oui. Tout. ») ; elles sont majoritairement nominales (sans verbe), allant à l'essentiel ; les groupes de mots sont aussi juxtaposés (les virgules). Les points de suspension marquent l'hésitation du locuteur, son débit saccadé. Il y a aussi un effet d'oralité, on a l'impression de revivre ce qu'a vécu Johann.

❺ Le pronom personnel « ils » renvoient aux médecins. Ces derniers tiennent à ce que les enfants oublient leur nom pour en adopter un nouveau. Ils leur imposent d'oublier qui ils sont.

❻ Les médecins expliquent aux enfants qu'ils sont allemands depuis longtemps (« vous étiez allemands ») avant d'être polonais (« vous avez le sang allemand ») ; ils considèrent leurs pères comme « des traîtres », qu'il faut tuer, leurs mères comme « des putains » indignes de les élever (« qui ne méritent pas de vous élever »). C'est un lavage de cerveau destructeur qu'ils font subir aux enfants polonais à des fins idéologiques, pour choisir ceux qui paraissent les plus « aryens », ceux qui se rapprochent le plus d'une « race pure » imaginée par les nazis.

❼ La famille de Kristina a accueilli Johann qui a été sélectionné et choisi par les médecins. Il est considéré comme un membre de la famille car elle partage les thèses nazies sur la hiérarchisation des hommes et participe au projet d'Hitler du repeuplement de l'Allemagne. Nancy Huston dit que pendant la guerre, il y a eu une propagande pour la repopulation du pays. Plusieurs milliers d'enfants polonais ont été enlevés puis envoyés en Allemagne.

❽ On a interdit aux enfants polonais de parler leur langue maternelle entre eux. Cette interdiction vise à leur faire perdre toute trace de leur origine afin qu'ils ne se souviennent même plus qu'ils sont nés polonais, que leur passé soit effacé de leur mémoire, afin qu'ils deviennent de véritables Allemands. Les conséquences psychologiques peuvent être très lourdes pour ces enfants.

Bernard B. DADIÉ

Découverte

❶ Il s'agit de la Côte d'Ivoire, du Sénégal et de la France. Le titre du livre est *Un Nègre à Paris* ; le nom « nègre » n'est pas employé dans un sens péjoratif, il renvoie à une personne de couleur noire ; cependant, il est vraisemblablement utilisé par l'auteur de manière ironique, le terme « nègre » étant la désignation péjorative attribuée aux personnes de couleur noire. Il s'agit donc d'un Africain qui se trouve en France, dans la capitale. Réponse libre. (Le voyage, la découverte, l'exil…)

❷ Le texte est composé de deux paragraphes narratifs séparés par 3 lignes de dialogue (repérer les tirets).

❸ Le personnage s'appelle Bertin Tanhoe, il est ivoirien. Il visite Paris, observe les manières du « Parisien » et en rend compte dans une lettre qu'il envoie à son ami resté à Dakar. Le genre littéraire est le roman épistolaire.

❹ Le mot le plus répété est « pourboire ». Un pourboire est une somme d'argent plus ou moins importante que l'on donne à quelqu'un pour un service, une gratification, etc. En France, il est coutumier de donner un pourboire au garçon de café, au chauffeur de taxi, à celui qui porte les bagages du client d'un hôtel… Cette pratique n'est pas inscrite dans la loi, mais relève de la coutume. Réponse libre.

Exploration

❶ Le mot « pourboire » est composé de la préposition « pour » (indiquant le but) et du verbe « boire ». Comme le rappelle le narrateur, le pourboire consistait donc, à une époque, à donner à boire, à payer en « nature » un serviteur en lui donnant « le vin du valet » ; puis le mot a signifié « une somme d'argent » que l'on donne pour pouvoir boire, puis que l'on donne pour un service.

❷ Le narrateur prévient son ami à propos de cette pratique que respectent beaucoup les Français et surtout à laquelle tiennent les bénéficiaires : garçons de café, employés d'hôtel, chauffeurs de taxis (cette pratique reste très courante à l'heure actuelle). Il qualifie cette pratique de « vénérable ». En employant cet adjectif, le narrateur est sans doute ironique : il joue sur le terme qui renvoie à l'ancrage historique de cette pratique en France, à ce que peut signifier « vénérable » dans sa culture, qui réfère à l'histoire et à la sagesse que peut apporter le long temps de l'expérience, et à la constatation qu'à Paris, tout se monnaie, tout se paie, même un service pour lequel paie déjà le client.

❸ Pour illustrer ce qu'il dit, le narrateur cite l'exemple du chauffeur de taxi qui fait son travail et lui demande un surplus, le pourboire. En rapportant les paroles qu'ils ont échangées, il recrée l'ambiance de ce moment. Le dialogue produit un effet de réalité et apporte une preuve au propos du narrateur.

❹ Le narrateur obéit (« je dus m'exécuter »), fait ce qu'on lui demande car il n'a pas le choix, il est dans une ville qu'il ne connaît pas et doit se soumettre au même titre que n'importe quel autre individu, c'est « dans leurs lois ». Il trouve cette attitude (« cela ») exagérée (« abusif »), injuste. Réponse libre.

❺ Pour l'étranger, payer les gens pour ce qu'ils font et leur donner en plus un supplément, dépasse son entendement. Le narrateur pense que le pourboire se donne lorsque c'est lui qui demande un service (« j'envoie un homme »), lorsqu'on s'occupe bien de sa personne (« ...un certain empressement à me servir... ») mais en aucun cas aux personnes qui font leur travail ou à celles qui sont peu accueillantes, qui font mal leur travail (« ...qu'il me fasse attendre... »). Les deux phrases commençant par « que » sont construites de manière symétrique : « que.../mais que.../... » et mettent en valeur le point de vue du narrateur. Elles sont longues, ont un rythme quaternaire « Que j'envoie un homme/je lui dois un pourboire/mais qu'un chauffeur fasse son travail et exige de moi un pourboire/je ne comprends pas ». Ces deux phrases se terminent par un fragment très court (« je ne comprends pas/je me révolte » et soulignent la révolte du narrateur face à cette pratique.

❻ Ces phrases ont la particularité d'être très courtes, elles sont réduites au schéma sujet/verbe/complément. Elles disent l'essentiel. L'absence de conjonction telle que **et**, **mais**... produit un effet de rapidité, donne un rythme saccadé au récit. Dans la 1re phrase, le narrateur recontextualise son discours : « Le Parisien trouve cela normal ». Dans la 2e, il explicite « Ça fait parie de ses mœurs. » et en réfère à la culture des autochtones. Dans la 3e, il se met en scène et en appelle à la notion de « soumission » : « Et je me soumets » qu'il éclaire par les phrases suivantes : « Je suis à Paris » ; « Je subis ses lois ». Il se présente comme l'étranger respectueux des coutumes du pays qu'il visite, donc les acceptant et s'y soumettant. Cependant, le narrateur/écrivain Bernard Dadié n'est pas un voyageur naïf. Il joue ici le rôle de révélateur des travers de la société française des années 1950 qu'il rencontre, comme les personnages de Rica et Usbek des *Lettres persanes* de Montesquieu étaient les sociologues faussement naïfs de la société française du XVIIIe siècle. En cela, l'écrivain ivoirien s'inscrit dans une forme de critique sociale qui relève de la tradition des Lettres françaises. Cependant, c'est un « Nègre » qui parle et qui écrit sur le « Parisien ». C'est l'ancien colonisé qui se fait ethnologue de l'ancien colon. En cela, sa posture est subversive.

❼ Activité libre.

Henri VERNEUIL

Découverte

❶ Les personnages sont Arméniens : le narrateur, son père, sa mère et ses deux tantes. Suite au génocide du peuple arménien par les Turcs, la famille quitte le pays et s'installe à Marseille, dans le Sud de la France.

❷ L'histoire se passe après le génocide qui a lieu en 1915 en Arménie. Au XIXe siècle, une partie de ce pays est sous domination russe. La résistance des Arméniens à la domination ottomane a entraîné de terribles répressions et des massacres en 1894-1896 et 1915-1916. On estime à 2 millions le nombre de disparus.

❸ Le titre est *Mayrig*. Dans la langue arménienne, ce mot signifie « maman ». Réponse libre. Il peut s'agir d'un roman consacré à une femme, la mère de Verneuil, à la manière du *Livre de la mère* d'Albert Cohen.

❹ Réponse libre. L'histoire est racontée du point de vue du narrateur enfant et adulte.

Exploration

❶ Pour demander un renseignement (un « chemin »), acheter quelque chose, le père utilise le langage gestuel, la mimique. Réponse libre. Quand on ne parle la langue du pays dans lequel on vit, on fait des gestes pour se faire comprendre.

❷ Les mots/groupes de mots qui se rapportent au langage corporel sont : « Son poing fermé frottant le sol, une main imitant un robinet, mime (…) aux gestes, en montrant une viande, en lui donnant une forme imaginaire (…) l'espace, un langage corporel, pantomime, mimodrame ». Le père devient un véritable acteur, un mime qui « joue » pour obtenir ce dont il a besoin.

❸ Chez le droguiste, le père et le fils veulent acheter une bouteille d'eau de javel, une serpillière pour nettoyer le sol, deux gros savons. Réponse libre. Le vendeur rit.

❹ Le sujet (celui qui fait l'action) de « procura » est « le poing fermé frottant le sol » et le complément est « une bouteille d'eau de javel ». Le sujet de « déclenchèrent » est « les deux mains se frottant l'une contre l'autre » et le complément : « deux gros savons de Marseille ». L'auteur joue sur les mots : « un poing fermé frottant le sol » ou « les deux mains se frottant l'une contre l'autre » ne peuvent pas « produire » la bouteille d'eau de Javel ou les deux savons de Marseille. C'est le fait que le geste « produise » les objets souhaités, comme par magie, qui est drôle.

❺ Le « sérieux problème » rencontré chez le boucher est que le père ne trouve pas, ne voit pas la viande qu'il veut. Il utilise alors des gestes pour se faire comprendre, mais dans ce cas, cela ne marche pas. Il s'exprime ensuite dans trois langues qu'il connaît (turc, grec, arménien) et que personne ne comprend. Les clients, le boucher, la caissière regardent le père comme une étrange personne, « un homme d'un autre monde ». Face à l'impossibilité de communiquer, tout le monde se tait : « Il y eut soudain un grand silence dans le magasin. » Réponse libre.

❻ Dans le magasin, c'est « un grand silence » qui règne. L'atmosphère doit être gênée, pesante. Le père du narrateur tape fort sur sa cuisse droite et imite le cri de l'agneau (« un bêlement : Bêêê ! »). Tout le monde comprend enfin qu'il voulait un gigot d'agneau.

❼ Le mot répété est « honte » ; « aujourd'hui » et « ce jour-là » sont les adverbes de temps qui renvoient au temps de l'écriture (le narrateur adulte se juge) et le second fait référence au temps de l'enfance, aux événements qui ont eu lieu à ce moment-là (le narrateur enfant). Au moment où il raconte cette partie du récit, Verneuil porte un jugement actuel (« j'ai honte, aujourd'hui ») sur la honte qu'il a ressentie étant petit.

❽ Réponse libre. Dans le cas de Verneuil, c'est le fait d'être étranger, de ne pas parler français qui lui a fait honte et de constater que son père s'expose, prend des risques, même celui de paraître ridicule, pour pouvoir obtenir ce dont la famille a besoin.

Boris SCHREIBER

Découverte

❶ L'histoire se déroule dans une chambre d'hôtel, à Paris, dans les années 1930. Les parents du narrateur reçoivent à dîner un ami ; il leur parle.

❷ Les parents de Boris Schreiber sont nés en Russie. Ils ont fui le pays et l'enfant naît en Allemagne. C'est l'entre-deux-guerres. La famille connaît des difficultés financières, subit l'humiliation des immigrés. Quand le père retrouve du travail, il installe sa famille dans un modeste hôtel près du Panthéon à Paris.

❸ La phrase « la chambre-cuisine devenait moins froide » indique que la famille vivait à trois dans une pièce où elle mangeait et dormait ; c'est un lieu froid, peu confortable. Les conditions de vie sont difficiles.

❹ Le narrateur utilise la 3e personne du pluriel (« leur mère » pour sa mère, « leurs parents » pour ses parents) pour parler de lui. Cette distance peut paraître étrange ; ce « ils » angoissé est sans doute à rapprocher de l'histoire personnelle de Schreiber, figure du Juif éternel exilé, à la recherche de son identité multiple (russe, juive, allemande) qu'il tentera de reconstituer par le biais de la langue française.

❺ Le titre est *Le tournesol déchiré*. Réponse libre. Cette métaphore de la déchirure d'une fleur dont la particularité est de se tourner toujours vers le soleil, de chercher sans cesse la lumière peut être comparée à l'enfant rempli d'espoir et à sa vie marquée par l'exil, la xénophobie vécue étant jeune, la dureté du monde, à l'homme qui espère le bonheur et qui est confronté à ses interrogations sur lui-même, au regard des autres, à la complexité de vivre.

Exploration

❶ Le premier mouvement va du début jusqu'à « ...papiers d'emballage. » : l'ami explique aux parents du narrateur qu'il faut que le petit mange comme les Français. Le second mouvement va de « Un samedi après-midi... » à « ...avec les paquets. » : c'est la découverte de la boutique du droguiste. Dans le dernier mouvement (« Au dîner (...) le début du luxe ») la mère se rappelle quelques détails de la vie à Moscou ou à Berlin.

❷ Boris sera scolarisé dans un collège de grande renommée (« un établissement réputé ») ; il s'agit du collège privé Sainte-Barbe, où la scolarité est assez chère. Or, les parents ne sont pas riches. Cette école représente la réussite sociale et intellectuelle, un avenir prometteur pour l'enfant.

❸ L'ami parle d'abord de la réputation de l'établissement puis il passe sans transition à la nourriture. Il explique comment les Français se nourrissent aux différents repas, qu'une très bonne éducation va de pair avec un certain art de vivre. Il n'y a pas vraiment de lien logique entre les deux répliques de l'ami. Cependant, pour lui, implicitement, l'éducation est liée à certaines habitudes alimentaires, notamment celles des Français. Il pense que l'alimentation russe est beaucoup trop grasse. On peut voir là l'effort d'assimilation de beaucoup d'exilés. Les parents semblent prêts à tout pour leur enfant ; ils suivent les conseils de l'ami, changent certaines habitudes (par exemple ne plus entasser les aliments dans des papiers d'emballage). Réponse libre.

❹ En se rendant chez le marchand de couleurs, les parents découvrent « les pots de faïence pour chaque produit » (sel, poivre, sucre...). C'est un joli objet, qui pour la mère n'existe pas à Moscou ou Berlin, une « coupole posée sur une assiette » (un beurrier) qui attire l'attention du père. Sans doute est-il attiré par cet objet parce qu'il n'a jamais rien vu de tel.

❺ « Contemplèrent », « intrigué », « s'extasiaient » appartiennent au champ lexical de l'admiration. D'autres groupes de mots/phrases expriment cet émerveillement : « Quel choix ! », « rien de pareil », « comme au milieu d'œuvres d'art ».

❻ Ce sont de petits objets utilitaires, notamment le beurrier, qui différencient la vie à Moscou/Berlin de la vie à Paris. Cela peut sembler futile, mais ces petits objets concernent la vie quotidienne. La présence du « beurrier » rend la chambre-cuisine moins froide et l'objet est considéré comme le début du luxe, ce qui semble disproportionné. Sans doute apporte-t-il un peu de gaieté à la table du repas. C'est aussi le symbole d'un début d'accession au mode de vie « à la française ».

❼ Réponse libre.

Chahdortt DJAVANN

Découverte

❶ Le titre du livre se présente sous forme d'une question : *Comment peut-on être français ?* qui fait écho (un clin d'œil) aux *Lettres persanes* de Montesquieu. La lettre 30 se termine par la question que se posent les gens qui aperçoivent Rica, le Persan à Paris : « Comment peut-on être persan ? » On se pose cette question lorsque l'on n'est pas Français et que l'on désire le devenir ou lorsque l'on s'étonne de la manière d'être, de vivre des Français.

❷ Il s'agit du genre de la correspondance (c'est la première lettre, il y a la formule d'adresse avant le texte). Le livre de Chahdortt Djavann est un roman épistolaire.

❸ Le groupe de mots en italiques est le titre du roman par lettres de Montesquieu, *Lettres persanes* ; les noms propres sont : Montesquieu, Roxane, Azerbaïdjan, Téhéran, Iran, Perse, Usbek, Rica et Occident. Réponse libre. Montesquieu a écrit les *Lettres persanes* en 1721 ; les personnages sont des Persans qui voyagent : Rica et Usbek ; ce dernier a un harem où vivent ses femmes (dont Roxane) ; les autres noms renvoient à l'Iran, appelé autrefois la Perse. Le clin d'œil à l'œuvre du philosophe est donc très explicite.

❹ C'est Roxane, une jeune femme persane contemporaine qui écrit à Montesquieu, philosophe du XVIIIe siècle et dont l'œuvre a eu une grande influence sur son temps. Réponse libre. C'est un échange tout à fait surprenant !

❺ La formule d'adresse « À mon cher géniteur, Monsieur de Montesquieu » renseigne sur la relation qu'établit la jeune femme avec l'homme : c'est son père, son géniteur, celui qui lui a donné la vie ! Puis elle marque un profond respect en ajoutant « Monsieur de » (avec la majuscule). Réponse libre.

Exploration

❶ La Roxane fictive, celle du roman, est née en Perse ; elle n'est presque pas décrite ; elle a été « si bien imaginée, si bien créée » par l'auteur ; en revanche, la vraie, celle qui écrit la lettre, est née en Azerbaïdjan, à l'extrémité Nord-Ouest de l'Iran. Elle a fui le régime des chefs religieux musulmans, les mollahs. Elle est à Paris, lit l'œuvre dont l'une des femmes porte le même prénom, européen ; elle observe, sort, est libre de tout mouvement (or, l'autre héroïne était prisonnière dans le harem et s'est donné la mort à la fin du roman).

❷ Pour éviter la censure du roi, très puissante à l'époque, et de l'Église, liée au pouvoir royal, Montesquieu a imaginé des Persans à Paris qui échangent des lettres avec d'autres Persans en Italie et en Perse ; ils donnent leur avis « faussement naïf » sur la société, le roi, les mœurs, le rapport à la religion... Montesquieu voulait critiquer son temps et il a fait une satire virulente de la société française du XVIIIe siècle.

❸ Le « spectacle de la vie parisienne » séduit, surprend la narratrice. Par spectacle, elle veut sans doute parler de la foule, du va-et-vient des gens, des uns assis à des terrasses de café, des autres qui se promènent, parlent, etc. La jeune Iranienne ne fait pas encore partie de cette vie parisienne ; elle vient d'arriver sans doute et reste pour l'instant spectatrice. Tout l'émerveille, l'interpelle.

❹ La narratrice utilise trois noms pour tenter de définir Paris : « la sensualité, le raffinement et l'élégance ». Ces noms renvoient pour partie à des stéréotypes. Réponse libre.

❺ Comme Usbek et Rica au XVIIIe siècle, la Roxane actuelle est étonnée de voir « la liberté des femmes en Occident ». N'oublions pas que Chahdortt Djavann a quitté un pays où la loi religieuse impose aux femmes de sortir voilées, de cacher la moindre mèche de cheveux, où elles sont l'objet de nombreux interdits.

❻ Réponse libre.

Michel LAYAZ

Découverte

❶ Le narrateur est suisse. Réponse libre. La Suisse est un pays qui a une longue tradition de neutralité politique ; elle est constituée de 26 cantons et a quatre langues nationales : l'allemand, le français, l'italien et le romanche. Le narrateur est un garçon de 15 ans.

❷ Réponse libre. « Nous » peut représenter un groupe de personnes (des adultes, des enfants). Le titre rappelle un dicton français : « Pour vivre heureux, vivons caché ».

❸ Le narrateur parle d'une personne nommée Milena. Ce prénom est repris 5 fois ; il y a là une forme d'insistance. La répétition joue aussi comme une sorte de leitmotiv qui ponctue la narration.

❹ Elle vit depuis 6 mois en Suisse. Réponse libre. Peut-être a-t-elle dû quitter son pays, qu'on l'a forcée à l'exil, qu'elle est partie volontairement.

❺ Réponse libre.

Exploration

❶ Milena a quitté son pays à « cause d'une guerre ». Ni le pays (la Suisse) ni les gens ne se soucient de ce qui a pu se passer dans le pays de la jeune fille. Le narrateur note que ce pays, la Suisse, « n'a jamais connu la guerre ». Tout le monde est indifférent. L'hospitalité n'est pas une préoccupation pour ces gens. Réponse libre.

❷ La phrase commence par un complément (« À cause d'une guerre… »), puis met l'accent sur le désintérêt, marqué par la négation, du peuple suisse (« qui n'intéresse personne ») et du pays (« un pays qui n'a jamais rien su de la guerre ») ; le parallélisme « à cause d'une guerre »/« un pays qui n'a jamais rien su de la guerre » souligne l'opposition entre les deux pays, la paix pour l'un, la guerre pour l'autre.

❸ Ce qui oppose Milena aux autres élèves, ce sont la langue (elle ne parle pas français), la solitude (elle est seule alors que les autres sont « en groupe »), l'intérêt qu'elle leur porte et le refus que lui renvoient les autres (refus de sa présence, de son histoire), « sa timidité, sa gêne, ses confusions ». Malgré sa timidité, sa gêne, Milena fait tout pour être avec les autres, elle s'intéresse, elle est curieuse, semble ouverte, généreuse.

❹ Le narrateur porte un jugement sévère sur Milena : « Elle s'y prend mal » ; il ne tient pas compte de son passé, du fait qu'elle parle une autre langue, qu'il n'est pas évident de s'intégrer à un groupe nouveau. Elle se retrouve donc toute seule, sans ami. Milena est présentée de manière négative lorsqu'elle est sujet de certaines phrases : « Elle ne parle pas bien le français/elle s'y prend mal/elle se plante parmi quelques élèves/elle reste là, sans rien dire », ou objet d'autres : « personne ne **lui** tend la main… ».

❺ Le narrateur est conscient que son attitude avec Milena est identique à celle de ses camarades : « Avec Milena, je ne suis pas meilleur que les autres ». Il ne fait aucun effort avec l'étrangère ; il se montre indifférent. Il dit « manquer de forces », c'est-à-dire qu'il n'a pas le courage d'être différent des autres. Il est lâche. Cependant, il lui arrive parfois de lui accorder (« concède ») quelques sourires, mais il ne va pas au-delà ; il ne lui laisse aucune chance pour construire un lien amical. En cela son attitude n'est pas tellement différente de celle des autres.

❻ Le verbe repris qui montre le peu d'intérêt que porte le narrateur à Milena est « oublier » ; elle est effacée de sa mémoire, or il apprend qu'elle l'aime (ce verbe est repris 4 fois). Les verbes qui concernent Milena sont au présent (« elle m'aime/m'aime »), tandis que ceux qui concernent le narrateur sont au conditionnel et expriment des hypothèses peu réalistes. Il suppose qu'il pourrait l'aimer (l'emploi du conditionnel insiste sur le peu de certitude du narrateur). C'est la personne qui a le plus besoin d'être aimée, qui aime alors que l'autre, qui vit dans son pays, au milieu de sa famille et de ses amis, dans la sécurité, est toujours resté distant et fait preuve d'une grande capacité d'oubli.

❼ Réponse libre.

Samuel BECKETT

Découverte

❶ L'auteur est Beckett. Réponse libre. Il est l'un des grands auteurs de théâtre du xxe siècle, connu plus particulièrement pour le théâtre de l'absurde.

❷ La disposition des noms qui reviennent tout le temps classe le texte dans le genre du théâtre. Il s'agit de Hamm (certains l'associent au diminutif de « hammer », le marteau en anglais) et Clov (qui peut être rapproché de « clou » puisqu'à l'origine, le *u* et *v* ne se distinguaient pas). On peut émettre l'hypothèse qu'un personnage Hamm/Hammer risque de taper sur l'autre personnage Clov/Clou, que les rapports entre les deux sont sans doute pour le moins tendus, voire violents.

❸ Hamm est aveugle et il est dans une chaise roulante (il ne peut pas marcher) ; Clov l'aide.

❹ Réponse libre. Beckett dit que dans sa première pièce *En attendant Godot*, « on attendait l'arrivée de Godot », ici on attend le « départ de Clov ». Le titre est une référence au jeu d'échecs, la pièce mettant en jeu un ensemble de combinaisons scéniques à partir desquelles est mise en œuvre une fin : dès le début, on apprend que tout est fini, qu'il faut trouver une sortie définitive.

❺ Les indications entre parenthèses sont les didascalies ; elles ne sont pas prononcées par les personnages ; elles donnent des indications, des informations sur ce que font les personnages.

Exploration

❶ Les indications entre parenthèses (didascalies) informent que Hamm tâtonne, cherche le chien, que Clov le lui donne, etc. Hamm « tâtonne » (il cherche avec ses mains, sans voir), puis tient le chien dans ses bras, finit par le jeter. Il constate que « le chien est parti » et ordonne à Clov de le lui donner. Même si c'est un faux chien, Hamm le jette et traite l'animal de « sale bête », ce qui peut sembler absurde.

❷ Clov répond que ce n'est pas un vrai chien et qu'il est « couché » (par terre, il ne peut pas bouger). Puisque le chien est une peluche, il ne peut donc pas se coucher. Ce n'est pas une réponse attendue ; la situation est là aussi absurde.

❸ Clov se met à ranger (« De l'ordre »), peut-être parce qu'il y a trop d'objets par terre, ou qu'il n'a rien à dire à Hamm, qu'il n'a rien à faire. Clov donne l'impression d'être une machine, un robot qui reproduit les mêmes gestes (« il se redresse »/« se redressant », « il se met à ramasser »).

❹ Hamm est « exaspéré », très énervé, et il demande à Clov ce qu'il fait (« qu'est-ce que tu fabriques ? »). Juste après, il dit à Clov d'abandonner ce qu'il fait (« laisse tomber »). Or, ce dernier prend la phrase dans son sens littéral : laisser tomber = lâcher ce que l'on a entre les mains. Il n'a pas compris qu'il fallait abandonner ce qu'il faisait ou s'il prend les mots dans leur sens littéral, il renvoie ainsi aux propres interrogations de Beckett sur le langage.

❺ Clov « va vers la porte ». De nouveau, Hamm est « agacé », énervé. Leur conversation s'oriente sur les « pieds » de Clov. Réponse libre. La discussion tourne autour des pieds de Clov qui semblent faire beaucoup de bruit lorsque ce dernier se déplace : « On dirait un régiment de dragons », les « dragons » étant des soldats à cheval. Leurs échanges semblent décousus, n'avoir aucun sens. Les personnages donnent l'impression de meubler le vide en parlant de n'importe quoi.

❻ L'indication « Un temps » signifie qu'il s'écoule un certain temps, un temps de silence. Clov annonce à Hamm qu'il le quitte. Il n'y a absolument aucun lien avec ce qui précède. Hamm réagit par un « non » catégorique. Il refuse. Il dit à Clov qu'il lui sert à lui « donner la réplique », ce qui est un clin d'œil au domaine du théâtre (une mise en abyme). Sans l'interlocuteur, il n'y a pas de dialogue possible. Nous sommes au théâtre, dans un espace de mise en scène du langage. Cependant, si les personnages ne « jouent plus le jeu », c'est-à-dire donner la réplique, il n'y a plus de théâtre. Réponse libre.

❼ Hamm et Clov n'ont pas de un vrai sujet de conversation et ils n'ont strictement rien à se dire. Il n'y a aucun véritable échange entre eux. Leur dialogue est une parodie de théâtre ; les paroles du premier fonctionnent sur un vide de signification et les déplacements mécaniques du second le rapprochent de la marionnette. Beckett exprime, à travers son théâtre, l'angoisse de la mort, de la solitude, du vide du langage.

Eugène IONESCO

Découverte

❶ C'est Ionesco. Réponse libre. Ionesco est une des figures importantes du théâtre de l'absurde (avec Beckett). Ses pièces expriment le malaise des êtres humains, leur solitude, le vide du langage. *La cantatrice chauve* et *La leçon* sont encore jouées au théâtre de la Huchette, dans le Quartier latin, à Paris.

❷ Il s'agit du genre théâtral (la disposition et la reprise des noms). Les personnages sont Marguerite, Marie, le roi, le médecin.

❸ Le titre, *Le roi se meurt*, évoque la mort d'un roi, son agonie.

❹ La scène se passe probablement dans un château ; le roi Béranger a deux femmes : Marguerite, la première épouse, et Marie, la seconde ; le médecin est venu pour opérer le roi.

❺ Réponse libre. Les indications en italique sont les didascalies : elles donnent des informations sur ce que font les personnages. Il y a 14 répliques.

Exploration

❶ Marguerite apprend au roi qu'il va mourir. Lorsque Marguerite veut parler au roi, Marie lui dit d'abord de se taire (« taisez-vous ») puis elle s'adresse au roi pour lui annoncer que Marguerite ne dit pas la vérité. C'est Marie, la seconde épouse, qui semble plus proche du roi.

❷ Le roi remarque que Marie a un air triste, « désolé ». Réponse libre.

❸ Les deux premières phrases sont construites sur un parallélisme Je/nous (« **Je le** *sais*// **Nous le** *savons* tous », sur une reprise du verbe « savoir », renforcé par la locution adverbiale « bien sûr ». Le roi souligne ainsi le fait qu'il *sait* que sa mort est annoncée, comme pour tous les êtres humains : « Nous le savons tous ». Mais il n'a pas compris, ou ne veut pas comprendre que la sienne est imminente. Or, dans la suite, il provoque le rire en disant à Marguerite de lui rappeler cet événement « quand il sera temps », c'est-à-dire quand il sera proche.

❹ Le roi pense que c'est le matin, or, Marguerite lui rappelle qu'il est « déjà midi ». Le roi refuse de la croire puis il finit par accepter (« Ah, si, il est midi ») mais il impose « sa » réalité des choses : « Pour moi, c'est le matin ». Le comique repose sur les affirmations contraires des personnages : « lever du soleil/midi/matin » ; les réponses négative puis affirmative du roi : « Il n'est pas/Ah, si, il est ». Ionesco montre l'absurdité de la situation, le non sens du langage.

❺ Le roi se plaint de ne plus avoir d'appétit, il a le foie en mauvais état (« dégourdir mon foie/mon foie s'encrasse »), la langue bien chargée (« saburale/mauvais goût dans la bouche »). Il demande des pilules pour guérir. Le docteur interprète ces signes comme les symptômes de la mort, il rappelle donc au roi qu'il va mourir. Mais celui-ci reste aveugle : il ne veut pas entendre les paroles du médecin ni celles de Marguerite. Réponse libre.

❻ Le point d'interrogation (« Encore ? ») et le point d'exclamation (« Vous m'ennuyez ! ») expriment la colère du roi, il est énervé, contrarié. La suite de la réplique repose sur la répétition du verbe « mourir » et l'accumulation qui tend vers l'impossible, l'absurde : « dans quarante/cinquante/trois cents ans ». Le comique de situation (le roi mourra « plus tard », quand il aura le temps, quand il le décidera), la reprise de l'adverbe de temps « quand » qui repousse le futur, soulignent le fait que le temps, la mort sont soumises à la volonté du roi, à son pouvoir. Mais le langage fonctionne à vide, il semble ne plus avoir de sens car chacun sait que ni le temps ni la mort ne sont soumis à une quelconque volonté humaine. Ici, le langage sert à répondre à l'angoisse de la mort et, dans ce cas, le pouvoir est vain. Il ne peut rien contre l'inexorable.

❼ Réponse libre.

Sony LABOU TANSI

Découverte

❶ Il s'agit d'un texte de théâtre ; on le voit avec la disposition et la reprise des noms des personnages.

❷ Il y a des soldats et Ramana, la fille de Libertashio. Les militaires arrivent de la capitale d'un pays africain, ils recherchent le père de la jeune fille, qui s'oppose au pouvoir. Or, Ramana leur montre la tombe où son père est enterré.

❸ Le personnage recherché est dans la tombe (un trou dans la terre où l'on met les morts). Le groupe de mots est « LIBERTASHIO EST MORT », le personnage est mort. Réponse libre. Libertashio serait la figure de Patrice Lumumba, dirigeant du Mouvement national congolais, qui a été assassiné en 1961.

❹ Réponse libre. Le titre fait référence à une période (« La parenthèse ») où le sang des humains a dû beaucoup couler, un moment qui correspond à des combats, où la violence règne.

Exploration

❶ Il y a 13 répliques. Réponse libre. Le sergent ordonne aux soldats de se rassembler et de creuser la tombe rapidement. Il veut vérifier si le mort est bien celui qu'il recherche.

❷ Le sergent veut emporter la tête du mort et prouver enfin que Libertashio est mort. Marc sort son arme et tire sur le sergent. Réponse libre. On ne comprend pas pourquoi Marc tue son supérieur. Ils devaient tous exécuter les ordres du gouvernement. C'est la violence absurde qui est mise en scène, le fait que n'importe quel soldat décide en fonction d'arguments obscurs, à moins qu'il ne décide pour lui-même, pour prendre la place de celui qu'il tue.

❸ Marc prend les galons du sergent mort. Il est donc sergent à son tour et peut commander aux autres. Les soldats organisent une cérémonie « incompréhensible » pour ceux de la maison, dont ils sont seuls à comprendre les rites, en son honneur et boivent (« trinquent ») à son succès. C'est l'arbitraire qui règne et celui qui est reconnu comme chef est celui qui a exécuté le chef précédent. Les soldats célèbrent Marc comme si sa succession au grade de sergent avait été méritée, logique, alors que ce dernier est un usurpateur meurtrier. C'est la loi du plus fort, du plus violent.

❹ Marc considère le sergent comme un « lâche », une personne qui manque de courage. Puis après, son jugement change, il le considère comme « un brave garçon », quelqu'un de bien même s'il ne faisait pas « partie de la tribu du président ». Il faut l'enterrer comme on enterre les autres soldats (couché sur le dos, en lui accordant quelques minutes de silence…). Réponse libre. Ce changement ne fait que renforcer le caractère illogique de la situation, la contradiction des personnages.

❺ Lorsque Ramana veut savoir pourquoi Marc a tué le sergent, ce dernier répond que c'était un « déserteur », c'est-à-dire un « soldat en tenue militaire qui dit que Libertashio est mort ». C'est la définition de Marc. Or, le vrai sens de ce mot, est « un militaire qui abandonne son armée sans permission ». Marc adapte la réalité à son discours, il transforme, déforme le sens des mots et leur donne le sens qui lui convient. C'est un manipulateur.

❻ Ramana tente désespérément de convaincre Marc de la mort de son père (« C'est la vérité, Papa est mort »). Or c'est une vérité que Marc ne veut pas entendre, qui ne lui convient pas. Pour lui, c'est « la vérité des civils », qui s'oppose à la vérité des soldats. Il conteste la réalité, refuse ce qui est parce que le réel contrarie sa propre logique, ses projets. Son attitude est proche d'une dangereuse folie, il est enfermé dans un monde hors du monde qui l'entoure. C'est souvent le fonctionnement des dictateurs.

❼ La loi représente le pouvoir en place, celui qui est institué à ce moment-là. Marc obéit à la logique « pathologique » du régime : éliminer toute personne qui refuse de croire que Libertashio est encore vivant. Et comme la loi interdit de croire que ce dernier est mort, il n'est donc pas mort, même s'il l'est effectivement. Là encore, nous sommes dans l'absurde, l'arbitraire.

❽ Sony Labou Tansi met en scène la violence de la dictature politique, l'absurdité de la loi édictée pour servir quelques hommes et non pour protéger le peuple. Il n'y a pas de normes partagées, c'est celui qui a le pouvoir qui dicte les lois, et la loi qu'il dicte est celle qui va dans le sens de son pouvoir.

❾ Réponse libre.

Yacine KATEB

Découverte

❶ La disposition et la reprise des noms (Mohamed/Moïse) montre qu'il s'agit d'un texte de théâtre. Réponse libre. Mohamed (ou Mahomet) est le nom du prophète chez les musulmans ; Moïse est le prophète et fondateur de la religion et de la nation d'Israël, que l'on date aux environs du XIIIe siècle avant Jésus-Christ ; c'est lui qui conduit les Juifs hors d'Égypte, les guide pendant 40 ans dans le désert et les mène vers la Terre promise.

❷ Il s'agit de la Palestine et d'Israël ; ces deux pays sont situés dans le Proche-Orient. Réponse libre. La frontière des deux pays a varié au cours des siècles. Sous le mandat britannique, la Palestine englobait le territoire de l'actuel État d'Israël, la Cisjordanie et la bande de Gaza.

❸ Les indications en italique (didascalies) sont : « *Moïse va vers le coq/Moïse revient avec le coq*). Moïse veut fêter son retour sur « la Terre promise », Israël. Mohamed est étonné : il pense d'abord que Moïse agit comme s'il était « chez lui » parce qu'il « court » après son coq ; puis il suppose que c'est « peut-être pour l'acheter ».

❹ « Chez lui » veut dire que Moïse se comporte comme s'il était chez lui, en Israël, alors que Mohamed pense être chez lui, en Palestine. Les personnages se saluent : « Shalom/Salam », en hébreu pour le premier et en arabe pour le second.

Exploration

❶ Moïse propose à Mohamed de partager son coq ; il l'invite. Mohamed avait la même intention : inviter Moïse. Jusqu'à maintenant, ils semblent hospitaliers, accueillants. Mais la situation change dès la réplique 7, lorsqu'il s'agit d'évoquer le « chez soi » de chacun. L'un et l'autre se croient chez eux : ainsi Moïse dit à Mohamed de l'inviter quand il sera chez lui et inversement.

❷ Chaque personnage défend l'idée que le pays est à lui. Ils ne dialoguent pas vraiment (c'est plutôt un dialogue de sourds), chacun campe sur ses positions et n'entend pas ce que dit l'autre. Les répliques échangées sont presque identiques. Chacun est convaincu de ce qu'il avance : « **Je suis** chez **moi/tu es** chez **moi** ; Israël/Palestine »…

❸ Le coup de théâtre se produit au moment où Mohamed pense que si le coq pouvait parler, il prononcerait le nom de son pays, ce que pense aussi Moïse. Or, le coq chante « Cocorico ! » deux fois de suite ; il répond dans sa propre langue, en quelque sorte, et qui peut être interprétée en fonction des certitudes des deux protagonistes. La situation semble comique et tragique à la fois : le coq chante et ne « nomme » pas cet État dont se réclament Moïse et Mohamed.

❹ Moïse et Mohamed se battent (« Ils en viennent aux mains »). Un général entre. La sonorité de son nom, Cock, rappelle celui de l'animal (le coq).

❺ Le général Cock intervient au nom de la puissance anglaise, de la reine (« Sa Majesté britannique ») et ordonne (« je vous somme ») aux deux hommes de laisser le coq et de rester tranquilles. Mais Moïse et Mohamed continuent de dire que le coq leur appartient. Réponse libre. Yacine Kateb montre ici l'absurdité de la situation, la mésentente de Moïse et Mohamed qui perdure et qu'une puissance étrangère essaie d'arbitrer.

❻ Le second général est Decock que l'on peut entendre comme « deux coqs ». Il parle au nom de la France, appelée autrefois la Gaule. Pour lui, le coq remonterait au temps des croisades (il y en a eu neuf, entre le XIe et le XIIIe siècles), au Moyen Âge, lorsque l'Église avait envoyé des expéditions militaires pour délivrer la Terre sainte, en particulier Jérusalem, occupée par les musulmans (les Turcs seldjoukides). Finalement, chacun se réclame « propriétaire » de ce coq.

❼ Le coq symbolise la terre, le pays que revendiquent Moïse et Mohamed et les deux généraux. L'auteur met en scène l'histoire d'un conflit que le général français fait remonter à plus de 2 000 ans, les relations inextricables entre les peuples juif et palestinien. L'ensemble des pièces de Kateb regroupées sous le titre cynique de *Boucherie de l'espérance* aurait dû avoir un autre titre, *La guerre de 2 000 ans*.

René MARAN

Découverte

❶ L'histoire se passe en Afrique, pendant la colonisation. Les personnages sont Batouala, le chef du village et les autres villageois.

❷ Le titre du roman renvoie au nom du personnage (c'est un titre éponyme). Le sous-titre est « véritable roman nègre ». Il s'agit d'un roman écrit par une personne noire, « nègre », qui parle sans doute des Africains. C'est un roman qualifié de « véritable » car écrit par une personne qui connaît ce dont elle parle, à l'encontre des ouvrages conçus par les Blancs sur les Africains. Il faut aussi noter que *Batouala* a été écrit en 1921, à une époque où la France coloniale ne doutait pas de sa « mission », à une époque où peu de Noirs parvenaient à se faire entendre. L'administration coloniale a d'ailleurs interdit la diffusion du roman en Afrique, ce qui ne l'a pas empêché de recevoir le prix Goncourt. Suite à la publication de ce livre, René Maran a été obligé de démissionner de son poste de fonctionnaire.

❸ Le mot entre guillemets est « boundjous » ; il représente les colons, les Français, les Blancs, ceux qui disent « bonjour » et qui est repris par « boundjous » par les Africains. Il est mis entre guillemets parce que l'auteur marque une différence par rapport à la norme linguistique du français des Blancs, mais en employant cette variété langagière, il marque aussi qu'il fait partie des villageois auxquels il s'adresse. Ce qui caractérise les « boundjous » est leur méchanceté.

❹ Réponse libre. C'est Batouala, le chef du village africain, qui parle, mais il fait aussi entendre la voix des Blancs.

Exploration

❶ Batouala reproche aux « boundjous » « leur cruauté » (ils sont vraiment méchants), « leur duplicité » (ils sont hypocrites, menteurs), « leur rapacité » (ils profitent des richesses du pays, des gens, ils s'enrichissent sans rien partager avec les autochtones, ils sont sans scrupule). Ces trois idées sont reprises et développées dans les trois paragraphes qui suivent : 1) les colons forcent, obligent les Africains à travailler en leur faisant croire que c'est « pour leur bien » ; 2) ils les obligent à travailler, à gagner de l'argent dont ils leur prennent une partie pour soi-disant mettre en place l'infrastructure du pays (construire des villages, des ponts, des routes...) ; 3) or, le constat est amer pour Batouala : rien n'a été fait comme promis (« Les routes, les ponts, ces machines extraordinaires, où ça ! Mata ! Nini ! Rien, rien ! »). Au contraire, on leur a volé tout leur argent (« jusqu'à nos derniers sous »).

❷ Ces deux verbes se trouvent dans les fragments suivants : « Nous vous forçons à travailler » ; « L'argent que nous vous obligeons à gagner ». Tout se passe comme si, avant l'arrivée des colons, les Africains ne travaillaient pas, comme s'ils ne gagnaient pas leur vie. Il y a donc négation totale du mode d'exister antérieur à la colonisation, donc négation des hommes qui sont tout de même parvenus à vivre avant l'arrivée des Blancs. En fonction de cette négation, première violence de l'idéologie coloniale, vient la violence qui en découle : forcer à travailler, obliger à gagner de l'argent qui, au regard des colons comble un manque, qui du point de vue des Africains est la négation qui exprime le mépris de leur histoire et de ce qu'ils sont et qui se transforme par une obligation, une imposition à se comporter comme les colons le veulent, en fonction de leurs propres intérêts. Comble du cynisme de l'idéologie coloniale, le travail forcé ne rapporte rien aux colonisés.

❸ Batouala souligne que toutes les promesses sont un leurre, un mensonge. Cette tromperie (« duplicité ») est exprimée par les nombreuses négations accompagnées de l'exclamations qui expriment sa colère : « Mata ! Nini ! Rien, rien ». Les colons ont promis, mais aucune promesse n'est tenue.

❹ Le premier « on » renvoie aux colons qui décident du prix des denrées, du caoutchouc. Ces derniers décident du cours des matières premières sans rien expliquer (« sans l'ombre d'une explication »). C'est la toute puissance des colons qui établissent leur prix pour leur propre compte et au mépris des intérêts des gens du pays.

❺ Le mot répété est « bêtes ». L'argent que les villageois gagnent va à l'impôt ou dans les « poches » de « nos commandants », qui peuvent aussi être des Africains car l'administration coloniale employait aussi des autochtones comme courroie de transmission de son pouvoir. Batouala dénonce l'exploitation des Africains, le mépris des colons à leur égard, qui les dépossèdent, les exploitent et les considèrent comme des bêtes, des non-humains.

❻ Le dernier paragraphe met face à face colonisés et colonisateurs : les Africains sont méprisés, ils sont plus maltraités que les animaux ; ils sont déshumanisés (« des chairs à impôt ») et comparés à des animaux (un lien se fait ici avec la manière dont les négriers considéraient les esclaves). Le terme « bêtes », répété deux fois, se trouve au début d'un paradigme qui se décline ainsi, par ordre d'apparition dans le texte : chien, cheval, moins que des animaux. Batouala analyse la manière dont les colons considèrent et avilissent les Africains : il commence par dire « Nous ne sommes que des bêtes de portage » pour terminer par « Nous sommes, pour eux, moins que ces animaux, nous sommes plus bas que les plus bas ». La démonstration joue sur des interrogations rhétoriques, qui s'appuient sur ce que Batouala analyse de la posture des colons par rapport aux Africains colonisés : « Des bêtes ? »/« Un chien ? »/Nous ? ». Dans ce relevé de traces linguistiques, on constate le glissement de « bêtes » à « nous », Africains, glissement de la parole rapportée du colon à celle, revendiquée, donc, d'une certaine manière libérée, de l'homme colonisé qui dénonce. À chaque question, Batouala répond : pour les colons, les Africains ne sont même pas des bêtes, ils ne sont même pas un chien, car les colons le nourrissent, ils ne sont même pas un cheval car les colons le soignent. Batouala arrive à cette conclusion : les Africains ne sont même pas des animaux, « nous sommes plus bas que les plus bas ».

Or, « être plus bas que plus bas », c'est n'être rien, ni animal, ni humain. La colonisation crée donc une catégorie inédite, ni animale, ni humaine. L'image donnée ici des colons va au-delà de celle communément admise de l'inacceptable violence de l'imposition d'un ordre à la fois moral et économique. Batouala/Maran dénonce la création d'une nouvelle catégorie qui se décline par la négation : non-animale, non-humaine, n'appartenant pas à l'ordre des catégorisations reconnues par l'humanité, et donc susceptible de toutes les violences et de toutes les exactions. C'est ce que l'entreprise coloniale a conçu et qui est dénoncé dans ce texte.

❼ Dans les phrases « Vous nous remercierez plus tard » et « Ils nous crèvent lentement », le comportement des colons relève du cynisme absolu et de l'aveuglement le plus total, reproduction de l'arrogance des pays occidentaux, en particulier, ici, de la France. Ils forcent les Africains à travailler comme des bêtes de somme tout en leur demandant de les remercier, alors que ceux-là ne récoltent rien de leur travail, bien au contraire : ils sont réduits à n'être « que des chairs à impôt ». C'est d'un rapport de domination sans partage dont il est question dans ce texte. Les colons servent leurs intérêts et derrière les mots de Maran, c'est l'idéologie coloniale qui est contestée. Pour les colons, la dimension humaine de l'autre n'existe pas, l'autre/Africain n'existe pas : il est réduit à sa force de travail au service d'une illusion expansionniste, économique, idéologique. Réponse laissée cependant libre et qui peut faire l'objet de confrontations.

Joseph ZOBEL

Découverte

❶ Réponse libre. Le titre évoque une rue nommée « Cases-Nègres », un espace où se trouvent des habitations, les « cases », des maisons traditionnelles dans les Caraïbes, en Martinique, mais aussi à l'Île de la Réunion, dans l'océan Indien et en Afrique. Historiquement, les esclaves logeaient dans les rues « Cases-Nègres ». À partir de la dernière abolition de l'esclavage, en 1848 (la première abolition a été décrétée le 4 février 1794 par la Convention et Napoléon a rétabli l'esclavage en 1802), beaucoup d'esclaves ont quitté leur « maître ». Ils ont été remplacés par d'autres personnes, que les émissaires des grands planteurs allaient chercher en Inde, en Asie ; certains esclaves ont aussi décidé de continuer à travailler pour le « maître » contre un maigre salaire. Toutes ces personnes étaient logées dans les habitations des anciens esclaves. Réponse libre.

❷ L'histoire se passe en Martinique, dans les années 1930. La Martinique est un département français depuis 1946. En 1930, c'était une colonie. Son histoire s'inscrit dans celle de l'esclavage, maintenu jusqu'en 1848, celle de l'exploitation des esclaves, pour grande partie, dans les champs de canne à sucre.

❸ Il y a le narrateur et sa grand-mère M'man Tine, dont le nom est tronqué (maman Tine) et qui renvoie à la langue créole, partagée par la plupart des habitants de l'île, en particulier les Noirs descendant d'esclaves, mais pas exclusivement. Le créole peut aussi être compris par les Békés, descendants des colons blancs, qui peuvent aussi être « sangs mêlés », à la fois noir et blanc. Cependant, les Békés restent associés aux Blancs, possesseurs des plantations de canne à sucre, propriétaires terriens, donc dominants.

❹ Réponse libre. Il s'agit de la France, de la Guinée et de la Martinique. La Guinée est située en Afrique, près de l'océan Atlantique ; au XVIe siècle, ce pays a servi aux colons européens pour établir des enclaves facilitant la traite esclavagiste. C'est de là que partaient des bateaux chargés d'esclaves pour la Martinique, l'Amérique... La Martinique est située dans les Caraïbes et a été terre de peuplement, c'est-à-dire un pays où la France, en l'occurrence, a fait venir des esclaves pour exploiter les richesses naturelles de l'île, notamment la canne à sucre.

Exploration

❶ Pour la France, il est dit que les « gens ont la peau blanche », qu'ils parlent français ; c'est de ce pays que provient la farine, « qui sert à faire le pain et les gâteaux ». Dans l'imaginaire des personnes, dont le narrateur est le porte-parole, la France est le pays où « l'on fabrique toutes sortes de belles choses ». L'autre pays est la Guinée, le pays de M. Médouze. Ce pays est « plus lointain, plus profond que la France », c'est celui de son père. Pour M. Médouze, les gens sont comme l'enfant-narrateur et lui : ils ont la peau noire, et « ils ne meurent ni de fatigue ni de faim ». Pour M. Médouze, descendant d'esclave, c'est un pays rêvé, un rêve de pays, où s'enracine son imaginaire d'homme-esclave, privé d'histoire et de lieu originaire. La Martinique, elle, évoque le « pays maudit », celui de l'esclavage, de la privation des libertés.

❷ Dans la première phrase (« Là, les gens sont comme lui et moi »), le narrateur fait référence à la Guinée, dont les gens qui la peuplent sont noirs comme M. Médouze et lui. Dans la seconde phrase (« On n'y voit pas la misère comme ici »), la référence de nouveau à la Guinée est claire : dans ce pays, il n'y pas de misère alors qu'en Martinique, les gens souffrent de faim, de la misère, ils sont exploités par les colons. C'est M. Médouze, un descendant d'esclave dont le père venait de Guinée, qui a transmis ces connaissances au narrateur lors de soirées passées avec lui.

❸ C'est M. Médouze qui parle. Les phrases entre guillemets correspondent à des paroles rapportées. Ce sont celles du père de M. Médouze, qui essayait de se souvenir, de raconter ce qui était arrivé à sa famille mais ne pouvait continuer tant la douleur est forte. Il lui était sans doute impossible de se remémorer la souffrance infligée à tous les membres de sa famille quand les négriers les ont arrachés à leur terre natale pour les déporter dans les plantations martiniquaises. Les dernières paroles du père reviennent sur la fin de l'esclavage, lorsque tous « les nègres s'enfuirent des plantations ». Lui aussi s'est sans doute enfui.

❹ Ce qui est mis en parallèle, ce sont les deux « moi aussi » : le premier étant celui du narrateur qui réagit aux paroles M. Médouze et souffre en entendant son récit ; le second est celui de M. Médouze qui parle de sa joie lorsque l'esclavage a été aboli.

❺ La conjonction « mais » marque une opposition entre ce qui a été dit et ce qui va suivre. Après la joie de la « libération », M. Médouze constate que « rien n'avait changé » pour lui ni pour ses « compagnons de chaîne », tous les esclaves africains qui devaient travailler dans les plantations de canne à sucre.

❻ Après l'abolition de l'esclavage, la situation de « tous les nègres » n'est guère mieux qu'avant ; leurs conditions de vie n'ont pas changé ; ils n'ont pas pu quitter ce « pays maudit », ils ont été obligés de continuer à travailler dans les plantations, pour une misère (la loi n'obligeait pas les Békés à les payer comme il faut). Ces derniers ont gardé « la terre, toute la terre ». Si l'esclavage était bien aboli, les conditions de vie des anciens esclaves et de leurs descendants ne se sont pas vraiment améliorées. L'ordre ancien, construit sur la domination des propriétaires et l'exploitation des ouvriers, a perduré.

❼ Le passage du passé au présent (« lui demeure notre maître ») met l'accent sur la pérennité de la situation, le non changement : le Béké reste le maître des travailleurs noirs, même si l'esclavage est aboli. La conclusion de M. Médouze est amère mais juste.

❽ Joseph Zobel transmet la mémoire de l'esclavage et inscrit le petit garçon dans une histoire douloureuse mais qui est la sienne et dont il porte les traces. En étant le premier de sa lignée à être scolarisé, il casse un destin social et historique, il sera le premier à témoigner et à transcrire le récit de M. Médouze qu'il arrachera à l'oubli. Ce sont les silences de l'Histoire de l'esclavage qui seront enfin déchirés.

Aimé CÉSAIRE

Découverte

❶ Le texte proposé est composé de deux longs paragraphes précédés d'un nom (« le bonimenteur »). L'indication « Scène 1 » signifie ici qu'il s'agit du tout début de l'histoire. C'est un texte de théâtre.

❷ L'histoire se passe en Afrique, dans un quartier de Léopoldville (aujourd'hui Kinshasa) en République Démocratique du Congo, autrefois appelée Congo Belge. Le pays est colonisé par les Belges de 1885 à 1960. Le nom « Léopoldville » renvoie au roi Léopold II de Belgique.

❸ Il y a deux policiers (flics) belges, beaucoup de personnes (un attroupement) et un homme qui raconte des histoires (un bonimenteur).

❹ C'est le bonimenteur qui s'adresse à la foule. Réponse libre.

Exploration

❶ Un bonimenteur est un conteur d'histoires, un menteur. Ici, l'homme est chargé de vendre de la bière, et il essaie de persuader les habitants du quartier d'acheter cette boisson. Cependant, son discours est émaillé de critiques concernant la situation coloniale du pays.

❷ « blancs » peut renvoyer à l'Européen, au Belge qui a colonisé une partie du Congo. Le bonimenteur, sous la surveillance des policiers belges, se garde bien de nommer les Belges, il recourt au terme générique « les blancs », moins précis. Il peut parler plus librement.

❸ Les « blancs » ont apporté beaucoup de choses bonnes et mauvaises en Afrique, au Congo. Or, au lieu de donner des exemples importants du pire et du meilleur, le bonimenteur maintient le suspense jusqu'au moment où il finit par une chute, produisant un effet inattendu : ce qu'il y a de bon, c'est « la bière ! ». L'ironie est poussée ici au cynisme. Tout ce que « les blancs » ont fait, créé, apporté de meilleur en Afrique, c'est cette boisson alcoolisée.

❹ La seule liberté que laissent « les blancs » aux Africains, c'est de boire de la bière (« Buvez ! Buvez donc !). Le nom repris est « prison » et est associé à des activités intellectuelles (« écrire »), au fait de se réunir, d'organiser des meetings. Même le fait de vouloir quitter le pays est passible de prison. Le bonimenteur dénonce l'absence de liberté d'agir et de penser qu'impose le régime colonial.

❺ On permet au bonimenteur de parcourir le pays, d'aller d'une ville à l'autre, de parler aux gens, mais pour vendre de la bière. Les répétitions mettent en parallèle les policiers belges : « ils me laissent faire » et le bonimenteur « je vends de la bière/je place la bière ». Tant qu'il s'agit de bière, les policiers n'interviennent pas (« leurs flics me laissent faire... »), même lorsqu'il y a un rassemblement comme c'est le cas ici. La bière symbolise « le droit congolais », les « libertés congolaises ». À travers le bonimenteur, l'auteur dénonce l'attitude cynique des colons qui savent que si les Congolais s'enivrent, ils perdront leurs capacités de penser, de critiquer, de se révolter. D'une certaine manière, l'alcoolisme est encouragé afin de protéger l'ordre colonial.

❻ Le bonimenteur joue sur les catégories raciales que le système colonial a amplement mobilisées pour justifier son action. Ce qui est drôle ici, c'est qu'il s'appuie sur l'exemple de la Belgique, composée de Flamands, parlant néerlandais, et de Wallons, parlant français, et qu'il utilise le terme « race » pour différencier les deux groupes linguistiques, terme qu'il utilise aussi pour différencier les bières. Il se sert aussi d'un préjugé « chacun sait qu'il n'y a pas pire que les Flamands » pour construire son argumentation et mettre en avant la marque de bière qu'il vend, la « marque » étant substituée à « la race ». Il termine enfin par deux slogans qui pourraient avoir une dimension politique, qui pourraient être entendus comme un appel à la liberté, au rassemblement des Congolais contre l'ordre colonial, s'ils ne commençaient pas par « Polar, la bière », faisant de cette boisson le symbole de la liberté, de l'amitié et de la fraternité congolaises. Il y a une confusion complète des valeurs et c'est aussi sur cette confusion que se construit le pouvoir colonial et que dénonce l'auteur.

❼ Réponse libre. Césaire a choisi le bonimenteur, le conteur d'histoires, de même que Tahar Ben Jelloun a choisi le personnage du fou avec Moha dans *Moha le fou, Moha le sage*. Ces personnages ont « droit à la parole », ce qui permet aux auteurs de mieux dénoncer l'injustice coloniale, sociale, les travers de la société.

Patrick CHAMOISEAU

Découverte

❶ L'époque est celle de l'esclavage (qui commence au XVIe siècle pour l'Europe) et l'histoire se passe en Martinique, une île située dans les Petites Antilles. Christophe Colomb la découvre en 1502. Elle a longtemps résisté aux Européens, mais est prise en 1635 par la France. Son économie repose sur la canne à sucre et l'exploitation des esclaves noirs. L'esclavage est maintenu jusqu'en 1848. L'île devient un département français en 1946.

❷ Les personnages sont : le vieil esclave qui s'est enfui ; le maître qui lance à sa poursuite un gros chien.

❸ L'extrait proposé est composé de deux paragraphes séparés par un astérisque.

❹ Dans le premier paragraphe, c'est un narrateur externe qui raconte ; dans le second paragraphe, c'est l'esclave qui prend en charge le récit. Réponse libre.

❺ Réponse libre. Le titre est explicite, il évoque la condition sociale (esclave) d'un vieil homme en lien avec un gros chien (le molosse). Ce qui attire l'attention, c'est l'antéposition de « vieil homme ». Usuellement, on dirait plutôt « le vieil homme esclave ». Chamoiseau insiste sur le fait que la personne esclave est devenue vieille ; elle a donc passé toute sa vie dans la condition servile.

Exploration

❶ Dans le premier paragraphe, le nom est « molosse » qui désigne une caractéristique de l'animal : c'est un très gros chien. Or, lorsque l'esclave vieil homme raconte à son tour, il utilise un terme subjectif, en relation directe avec sa situation : « le monstre » ; si ce « monstre » l'attrape, il le déchiquettera, le mettra en pièces.

❷ Le maître ne comprend pas que le vieil homme, le « vieux-nègre » soit animé d'une telle énergie et qu'il puisse courir plus vite que le molosse. L'esclave est vieux, c'est un « vieux bougre », il est sans doute fatigué par la vie de travaux pénibles qu'il a menée. Le maître est tellement étonné qu'il se croit devant un miracle, « un prodige », un événement qui dépasse son entendement.

❸ Les trois phrases sont nominales (sans verbe) : « Pas croyable. Un si vieux bougre. Plus vite que le molosse. » : elles traduisent ici l'expressivité du narrateur, son état psychologique, ici son étonnement face à ce qui se passe. Il s'agit du discours indirect libre qui rapporte les paroles intérieures du personnage, sa manière de parler (les phrases nominales sont aussi employées à l'oral).

❹ Les phrases sont très courtes (« Le monstre s'était arrêté »), parfois sans verbe (« En quelque part derrière les bois »), aucun mot de liaison ne les relie (c'est la parataxe) ; la reprise du verbe *savoir* (« Il savait que ») met le chien dans une position d'omniscience et d'omnipotence ; l'emploi de « en » marque un écart par rapport à la norme grammaticale/syntaxique (« *En* quelque part ») ; enfin le parallélisme « je/il » se retrouve dans la majorité des phrases, ce qui produit un effet de dramatisation entre la victime et le « tueur », le bourreau (le chien est personnifié). On a l'impression que c'est le parler de l'esclave qui est rapporté sans aucun changement.

❺ L'absence de guillemets brouille les repères spatio-temporels. Il s'agit d'un présent qui correspond au moment où l'esclave fait un décrochage entre ce qu'il vient de rapporter au passé (« Je **voyais** le monstre se glisser derrière l'arbre où je **m'étais posté** ») et ce qu'il dit juste après, produisant un effet d'instantanéité (c'est l'utilisation stylistique du présent de narration), comme si nous assistions à la scène (« Oui, il **est là**/il le **contourne** lentement pour me briser l'en-bas »), que nous vivions ce qu'il est en train de vivre, de souffrir.

❻ Le créole est la langue de l'esclave. Chamoiseau choisit de rapporter le récit du vieil homme sans en modifier certaines tournures syntaxiques, ni le vocabulaire. Il a ouvert le français à d'autres rythmes, à une autre langue (le créole), il l'a, d'une certaine manière, hybridé, créolisé.

❼ L'esclave pense à « la source », au marécage dans lequel le chien est tombé et d'où il ne parvient plus à sortir. Les nombreux points d'exclamation qui ponctuent les phrases expriment la joie, le soulagement de l'esclave, joie qui est renforcée par la reprise de verbes (« s'enfonçait/s'enfoncer encore »). Il fait une prière (« mes bras au ciel ») et remercie Dieu : « Hosanna/ Ô Gloria ! ». Il se pense sauvé.

❽ Réponse libre. Choisir de raconter l'histoire de l'esclavage selon un double point de vue, celui du maître et celui de l'esclave, rompt avec la vision européocentriste de l'histoire de la traite des Noirs. Chamoiseau, comme Confiant, Maran et d'autres auteurs, ont construit de l'intérieur une vison de l'esclavage et du colonialisme en rupture avec la doxa véhiculée en France métropolitaine.

Raphaël CONFIANT

Découverte

❶ L'histoire se passe en Martinique, au milieu du XIXe siècle (voir la réponse 1 d'exploration pour le texte de Chamoiseau). L'esclavage est aboli depuis 1848. Les Chinois et les Indiens ont été amenés dans l'île pour pallier le manque de main-d'œuvre, d'anciens esclaves ayant refusé de continuer à travailler dans les plantations.

❷ Il y a Chen-Sang, un Chinois, Pa Gaston est congolais, sans doute descendant d'esclave, des Indiens, Audibert le commandeur et Péroumal un autre Indien. Tous travaillent dans les plantations de canne à sucre ; les Indiens refusent d'obéir au commandeur. Ce dernier appelle Péroumal pour traduire. Notons que le terme « commandeur » désignait la personne qui surveillait et commandait les esclaves lorsqu'ils travaillaient dans les champs.

❸ Réponse libre. Le titre désigne les maisons (« cases ») traditionnelles en Martinique, aux Antilles, à l'Île de la Réunion, en Afrique. L'emploi du terme « case » est le même que celui du roman de Joseph Zobel, *La rue Cases-Nègres* (voir le corrigé de ce texte). Ici lui est accolé le nom « Chine » qui renvoie aux travailleurs chinois qui logent dans ces cases.

❹ Réponse libre. Les noms de villes sont : Canton (Chine), Pondichéry (Inde) et les langues en présence : le tamoul, le créole, le pidgin et le français.

Exploration

❶ Les deux « récalcitrants » (ceux qui refusent de faire ce qui leur est demandé) sont des Indiens ; ils refusent de continuer à couper la canne à sucre. Ils montrent leur contrat sur lequel est indiqué un autre travail : « étendre du sucre au soleil ». Péroumal est polyglotte (il parle plusieurs langues) : il s'adresse à ses pairs en tamoul (une des langues de l'Inde), puis discute en créole avec Pa Gaston et en français avec le commandeur Audibert. Péroumal collabore avec ceux qui commandent et il sert de traducteur.

❷ Le passage qui parle de Chen-Sang va de « Lui non plus… » à « …les travailleurs ; « on », ce sont les gens qui sont venus le recruter pour les grandes plantations, ce sont les envoyés des Békés qui lui ont fait croire qu'il s'occuperait de bêtes (« garder des bœufs, les nourrir, les convoyer… »), travail qui, *a priori*, ne lui déplaît pas et qu'il sait faire (« Rien qu'il ne sût faire. ») En arrivant sur l'île, c'est le désenchantement : il n'a vu ni entendu aucune bête. Avec les autres travailleurs, il doit couper la canne « cet étrange roseau dont les feuilles avaient l'air aussi coupantes que des lames ».

❸ Les maisons sont « fétides », c'est-à-dire sales, nauséabondes (elles sentent mauvais), sont sans doute aussi humides. Les conditions de vie des travailleurs sont déplorables, difficilement supportables, sans hygiène.

❹ Péroumal s'exprime de manière agressive et vulgaire face à des compatriotes. Il apostrophe violemment un Indien : « Tu es venu **foutre** quoi dans ce pays, hein ? » et va jusqu'à lui donner un coup d'épaule (« bousculant de l'épaule l'un des Indiens. »). Il tourne en dérision sa réponse, devient méprisant : « Voyez-vous ça !.... aider les femmes à enfiler leurs culottes ». Le ton monte et Péroumal se fait menaçant : « J'en ai rien à **foutre** de ton contrat de **merde**, **coolie** ! Et le blanc, il s'en **fout** lui aussi ! ». En appelant l'Indien « coolie », ce qui veut dire travailleur, porteur chinois ou indien, terme méprisant, péjoratif, Péroumal met une barrière, une frontière entre lui et les autres, comme s'ils n'étaient pas originaires du même pays, qu'ils n'avaient rien en commun.

❺ Péroumal rappelle à son compatriote qu'il n'est plus chez lui, à Pondichéry, là où on lui avait promis un autre travail ; il est en Martinique où seule compte « la loi française » et rien d'autre. Péroumal est du côté des dominants, des propriétaires de champs de canne à sucre. Il est un des maillons de l'organisation sociale de la colonie : il s'est rangé du côté des Blancs qui utilisent sa connaissance des langues de certains travailleurs étrangers pour faire régner l'ordre.

❻ La loi française piétine le droit, ne respecte pas ses engagements. Elle permet de traiter les travailleurs étrangers comme l'étaient les esclaves. Les hommes sont trompés, humiliés au nom de la loi française qui ferme les yeux sur ses engagements et sur les exactions des grands propriétaires.

❼ Réponse libre.

Jacques GODBOUT

Découverte

❶ Réponse libre. Il faut engager les étudiants à faire des recherches. L'adjectif renvoie à toute personne parlant français ; le nom « francophonie » désigne l'ensemble des pays qui ont en commun l'usage du français, avec un statut plus ou moins officiel (Afrique, Québec, Suisse, Belgique…). 53 pays et gouvernements sont membres de plein droit, 13 pays sont observateurs et 2 sont pays associés (Chypre et le Ghana). On compte 110 millions de francophones dans le monde, auxquels s'ajoutent 65 millions de francophones partiels.

❷ Réponse libre. Le titre évoque une dimension plus large, moins restreinte de la littérature, qui expulse, d'une certaine manière, et transcende le concept « francophone ». Elle s'étend au monde, dépasse les frontières géographiques et géopolitiques, voire linguistiques entendues dans un sens restreint. Réponse libre. « La question préalable » renvoie à une question, un problème, qu'il faut aborder, examiner avant.

❸ Réponse libre.

❹ Le colon anglais n'a pas imposé sa « vision du monde » aux colonisés (« l'indigène ») parce qu'il a toujours pensé être « inimitable », impossible à copier, donc au-dessus de tout. Le colon français au contraire, sûr de ses valeurs (les « Lumières » et les droits de l'homme) a cru, pensé qu'il pouvait « imposer ses valeurs ». Le premier, se situant au-dessus de tout, n'a même pas désiré « imposer sa vision du monde ». Le second, en revanche, s'est senti investi d'une mission, de valeurs qu'il pensait universelles et qu'il a voulu partager avec d'autres, en particulier ceux qu'il a colonisés, et auxquels il a imposé sa vision du monde. Réponse libre.

Exploration

❶ Lorsque les pays colonisés sont devenus indépendants, libres, ils « ont renvoyé chez eux les uns et les autres ». Les Anglais ont créé le « Commonwealth », une alliance morale plus que politique des pays qui ont subi l'influence anglaise et qui est « une richesse en partage ». Les Français ont créé la « francophonie », concept qui, pour Godbout « perpétue (continue) l'approche coloniale ». Pour l'auteur, le terme « francophonie » est le masque du néo-colonialisme. L'image du colonisé qui met « dehors » le colon, le « renvoie » chez lui, est particulièrement drôle : cette litote fait référence aux indépendances, aux décolonisations qui ont eu lieu dans la violence et cette histoire est présentée par Godbout comme un simple renversement de situation : le colon est venu dans un pays sans y être invité ; c'est un manque de politesse ; on le renvoie donc chez lui.

❷ Les adjectifs de nationalité sont : *indiens, jamaïcains, sud-africains, canadiens* et *britanniques*. Ces gens (créateurs) sont considérés comme des rivaux mais à égalité des chances dans le marché commun. Réponse libre. C'est plutôt positif que toutes ces personnes, quel que soit l'endroit où elles se trouvent, où elles sont nées puissent avoir leur chance dans ce marché commun.

❸ Pour Godbout, les Français ont créé un espace « francophone » basé sur un don, celui de la langue, mais dans le même temps ils gardent la main mise sur la littérature dont Paris resterait le « banquier », c'est-à-dire le dépositaire, l'instance qui juge et élit les créations qu'elle pense les plus rentables, ceux sans doute qui correspondent à l'image qu'elle se fait de la « bonne » littérature. Il ironise sur cette France généreuse, « magnanime », adjectif qui doit être entendu comme une antiphrase, qui fait don de sa langue aux peuples du monde. Or, la métaphore du banquier dit en pointillé que tout le monde a le droit de parler français mais seul Paris reste gardien des « belles-lettres ». La francophonie serait en quelque sorte une reproduction masquée des rapports de force coloniaux, dans lesquels le centre, la France, sa capitale Paris, décident de tout.

❹ Les hypothèses avancées pour tenter d'expliquer l'attitude de l'institution française sont les suivantes : la France est dans l'ignorance ou l'arrogance pour rester autant accrochée « à son espace littéraire **national** », l'institution littéraire française n'a pas envie de participer « à une littérature-monde » par manque d'ambition ou par narcissisme (elle reste centrée sur elle-même, sur l'admiration qu'elle s'octroie). La France est frileuse à l'idée d'ouverture sur le monde, à l'idée d'accueillir la différence. Elle ne semble manifester aucun intérêt pour toutes les productions littéraires en français hors de l'hexagone.

❺ L'auteur constate que les universités américaines sont davantage ouvertes aux « études francophones » que ne le sont les universités françaises. Or, il serait tout de même plus logique que ce soit l'inverse. Les campus américains dispensent de « nombreux cours sur les littératures des Antilles et du Maghreb » ; certaines universités proposent un « diplôme en études québécoises ». Mabanckou enseigne aux États-Unis, et pas en France, comme l'ont fait Assia Djebar et Maryse Condé. Alors qu'en France, « la littérature-monde de langue française est traitée du bout des doigts », c'est-à-dire avec circonspection, méfiance, pour ne pas dire un certain mépris. Le jugement de Godbout à la fin du paragraphe précédent est aussi particulièrement sévère : lorsque, dans des colloques, qu'il spécifie « hexagonaux », les enseignants disent « s'intéresser aux écrivains "francophones", ce n'est pas par ouverture d'esprit ni curiosité scientifique ni générosité intellectuelle », mais pour un profit de distinction, pour « se créer une niche à l'intérieur de l'Éducation nationale française ».

❻ Les universités américaines permettent aux auteurs francophones d'enseigner la littérature dite « francophone ». Ce faisant, elles leur permettent aussi de continuer à écrire. De nombreux écrivains quittent la France pour les États-Unis ; c'est le cas d'Alain Mabanckou, de Maryse Condé, d'Édouard Glissant, d'auteurs du Maghreb (Assia Djebar) qui enseignent les littératures francophones dans des universités américaines. La France continue de se comporter avec condescendance face aux auteurs issus des anciennes colonies, plus, à ne pas les reconnaître.

❼ La France s'est servi de la pensée des philosophes des Lumières pour justifier la domination coloniale ; elle a considéré l'Autre comme le barbare qu'il fallait civiliser. La condescendance dont elle fait preuve à l'égard des littératures francophones reste une trace du mépris colonial. Dans « littérature-monde », il n'y a plus référence à « francophone/francophonie/français », et l'acception est beaucoup plus large. Sans doute que, dans l'expression « littérature-monde » ce sont les thèmes abordés, les problématiques investies, les écritures et les mises en discours qui ont plus d'importance que la langue même d'écriture. La « littérature-monde » relève du monde et n'est plus circonscrite à un ensemble historico-politico-linguistique.

❽ Réponse libre.

Eva ALMASSY/NIMROD

Découverte

❶ Les auteurs sont Eva Almassy, née en Hongrie et vivant en France depuis 1978 ; elle est écrivaine et participe à une émission littéraire sur France Culture. Nimrod est originaire du Tchad, pays qu'il a fui en 1979 suite à la guerre. Il est poète, romancier et essayiste. Il co-anime la revue littéraire *Agotem*. Tous deux sont nés hors de France, mais ont le français comme langue d'écriture.

❷ Le titre est *Pour une littérature-monde*. Réponse libre. Il s'agit d'écrits critiques, de réflexions sur ce que peut être la « littérature-monde » et qui interrogent l'expression « littérature francophone ».

❸ Le titre est « La Nouvelle Chose française » et dans le titre complet il faut ajouter « Pour une littérature décolonisée ». Réponse libre. Les majuscules de « Nouvelle » et « Chose » doivent attirer l'attention du lecteur, sur cette nouveauté non nommée qui appartient à la France. L'auteur revendique une « littérature décolonisée », libérée du joug de l'ancien colon, rejette le paternalisme français qui pèse sur les auteurs francophones.

❹ Il s'agit d'un titre du roman de Kourouma, *Allah n'est pas obligé* ; elle reprend le titre pour en modifier une partie : « Le jury Goncourt n'est pas obligé ». Tout comme pour Kourouma, *Allah n'est pas obligé* (de faire certaines choses), le prix Goncourt n'est pas obligé de donner le prix à Kourouma. Elle met en parallèle « Allah », nom du dieu des musulmans et le « jury Goncourt », un comité de plusieurs membres qui attribuent l'un des prix littéraires les plus prestigieux de France.

❺ Almassy parle de l'attribution du prix Goncourt et Nimrod de l'écrivain africain.

Exploration

❶ Emma est journaliste et travaille à la maison de la Radio. Elle est critique littéraire. Elle assiste au choix du roman auquel sera attribué le prix Goncourt. En utilisant le mot « tirage », elle souligne le poids du hasard, de l'aléatoire dans l'élection du meilleur roman. Cela ressemble à une loterie alors que les lecteurs pensent que des critères objectifs déterminent le choix du meilleur roman de l'année.

❷ Les membres du jury ont décidé de ne pas donner le prix au roman de Kourouma parce qu'ils jugent que ce livre « comporte trop de particularités africaines ». Ici, Kourouma est renvoyé à son « africanité » qui l'empêche d'obtenir le prix. C'est cette dimension que lui reproche le jury du Goncourt et qu'il lui fait payer. Réponse libre. Ahmadou Kourouma est l'un des plus grands auteurs francophones d'Afrique Noire. Il a cependant obtenu le prix Renaudot et le Goncourt des lycéens pour *Allah n'est pas obligé*.

❸ Nimrod affirme que l'écrivain africain « écrit comme tout le monde ». Il met sur le même plan l'Africain et tout autre écrivain, quelles que soient sa nationalité, son origine, son « hérédité ». De manière indirecte, Nimrod répond au jury Goncourt que ses membres, eux aussi, renvoient les écrivains africains à une « prétendue africanité » fabriquée par ceux-là même qui avaient intérêt à construire ce concept pour mieux justifier et asseoir leur domination.

❹ La particularité de l'Africain est la domination, infligée par la traite esclavagiste et par la colonisation. Il faut engager les étudiants à faire des recherches.

❺ Les membres du jury sont obligés de reconnaître que le roman de Kourouma est écrit dans « une langue belle et riche », donc un français reconnu, légitimé, qui répond aux canons esthétiques partagés par les jurés. Le roman appartient donc aux belles-lettres. Cependant, ils ne sont pas « obligés » de lui attribuer le prix Goncourt à cause de la présence de « trop de particularités africaines ».

❻ Implicitement, on reproche à l'ancien colonisé de coloniser la langue française en la caviardant de particularités africaines. On lui reproche de porter atteinte à la « pureté » du français en l'africanisant. Kourouma revendiquait le fait de « malinkiser » le français (le malinké est sa langue maternelle). L'écriture de Kourouma est une réponse de l'ancien colonisé au toujours actif colonisateur. Pour obtenir le prix, il aurait dû expurger son roman de tout particularisme africain, donc mettre de côté, jusqu'à l'effacer, sa langue, sa culture, son histoire, des pans de son identité.

❼ Réponse libre

❽ On impose à ces écrivains des injonctions contradictions : on les reconnaît grâce à/à cause de leur « africanité », en tant qu'écrivains dits « francophones » parce que leur langue d'écriture est le français et en même temps le Goncourt est refusé à l'un d'entre eux à cause de ses « particularités africaines », à cause de son « africanité ». C'est ce que l'on appelle le « double bind » qui fait que le sujet ne peut s'en sortir, est enfermé dans les contradictions imposées par celui qui se pense dominant et qui, en fonction de cette posture, établit les règles du jeu, élabore les catégorisations et assigne aux enfermements culturels et historiques.

Maryse CONDÉ/Dany LAFERRIÈRE

Découverte

❶ Le titre est *Pour une littérature-monde*. Réponse libre. Se référer à la réponse de la question 2 de « Découverte » de l'extrait de Godbout.

❷ Le titre de Maryse Condé, « Liaison dangereuse » est sans doute un clin d'œil au roman de Laclos, *Les liaisons dangereuses*, et s'inscrit donc dans une histoire, notamment littéraire.

❸ L'étrangeté du titre de Laferrière, « Je voyage en français », provient du sens de la phrase : littéralement, on ne voyage pas dans une langue, mais on voyage dans un pays. Le sens est donc métaphorique.

Exploration

❶ Le mot est « français ». Maryse Condé nous apprend qu'elle a grandi dans une famille qui vénérait, adorait la langue française, et Dany Laferrière qu'il a perdu trop de temps à se justifier quant à l'utilisation de cette langue sous prétexte qu'elle n'est pas sa langue maternelle.

❷ Pour Maryse Condé, le français est d'abord la langue que vénérait son père ; sa mère considérait cette langue comme « la clé magique ouvrant toutes les portes de la réussite scolaire » ; pour Dany Laferrière, le français est une langue qui « s'est infiltrée » dans ses neurones, et « son chant rythme » son sang. Il l'a totalement incorporée ; elle est devenue une partie de lui-même. Face au créole, les parents de Condé ont choisi le français : le soir, la mère ne raconte pas des histoires traditionnelles, elle récite Victor Hugo. Le père « vénère » le français, c'est-à-dire l'adore, l'honore comme si c'était une femme, mais le verbe « vénérer » renvoie aussi à Dieu. Dans la famille de Maryse Condé, c'est la langue de la réussite sociale et scolaire. Entre le créole et le français, les parents n'hésitent pas, ils choisissent la langue de la culture dominante.

❸ Dany Laferrière développe l'idée qu'il a « intégré », incorporé la langue française (« cette langue française s'est infiltrée dans mes neurones/son chant rythme mon sang »). Cette langue qui « s'est infiltrée » renvoie à l'idée qu'elle est totalement entrée en lui, sans qu'il s'en aperçoive vraiment. Il en reconnaîtrait le rythme (« sa cadence ») n'importe où, même dans l'obscurité. Il insiste sur la musicalité du français et entretient avec cette langue un rapport intellectuel (mes neurones) et sensuel.

❹ Lors de leurs séjours à Paris, les parents de Maryse Condé se sentaient humiliés, rabaissés lorsque les serveurs et les garçons de café s'étonnaient de les entendre si bien parler français. De même, l'auteure se souvient qu'étant jeune, dans une école de Paris, la maîtresse était émerveillée d'entendre une « petite Antillaise » si bien parler le français. Ce sont les regards des Français métropolitains, totalement ethnocentrés, qui ne parviennent pas à concevoir que des personnes noires puissent aussi bien parler la langue de Molière.

❺ Dans « un détail d'importance », le paradoxe repose sur le nom *détail* qui signifie quelque chose de peu d'importance et le nom *importance* qui dit le contraire. Condé évoque son père qui oublie qu'il est noir (« son noir bon teint ») lorsqu'il est face aux Français et que les Français, eux, n'oublient pas.

❻ Le mot répété est « colonisé » ; il renvoie à l'Histoire de l'esclavage et de la colonisation. Avant, Laferrière avait peur de dire que le français était sa langue, qu'il aimait cette langue parce que de fait, il l'a héritée de l'histoire haïtienne. Aujourd'hui, pour lui, tout cela renvoie à des « idéologies », dépassées. Pour lui, le colonisé est « celui qui ne se voit ni ne s'entend ». Il rejette cette posture et accepte de se voir et de s'entendre, avec la langue française, qui fait partie de lui. Il assume pleinement son choix, conscient, lucide.

❼ Réponse libre. Pour élargir ce débat, on peut penser au dernier ouvrage d'Anna Moï, *Espéranto désespéranto*, dont le sous-titre est très évocateur : « La francophonie sans les Français ».

Alain MABANCKOU

Découverte

❶ Le texte est composé de trois parties : en haut à droite, l'exergue (avant le texte) et de deux paragraphes, dont le dernier est entre guillemets.

❷ Réponse libre. L'oiseau migrateur symbolise sans doute la figure de l'exilé, de tout être humain qui fait l'expérience du changement. C'est de son chant qu'il est question, donc de son langage, de ce qu'il veut exprimer

❸ Dans l'exergue, on retrouve « l'oiseau, le chant, migrateur ». L'auteur met en opposition l'oiseau qui fait l'expérience du changement (le compère migrateur) et celui qui est resté « chez lui », dans son pays. L'oiseau migrateur peut symboliser l'exilé, celui qui quitte tout ; le chant peut renvoyer à la nouvelle langue, la langue de l'autre que s'approprie l'étranger. L'autre oiseau « qui ne s'est pas envolé de l'arbre sur lequel il est né » renvoie au sédentaire, à celui qui ne quitte jamais le pays où il est né.

❹ Mabanckou a écrit un article dans le journal *Le Monde* qui s'intitule « La francophonie, oui ; le ghetto, non ». Réponse libre. Le mot ghetto désignait au départ « le quartier de résidence des juifs » (cf. le ghetto de Varsovie) ; c'est le lieu où vit une communauté séparée du reste de la population ; le mot renvoie aussi à une situation de ségrégation. Sans utiliser le mot, Godbout parle aussi de la Francophonie comme d'une sorte de ghetto créé par la France, dans une approche qui reste coloniale, donc qui se déploie sur le mode de la séparation : littérature française/littérature francophone.

❺ Réponse libre. La dernière partie correspond à une définition de ce qu'est un écrivain francophone selon Mabanckou et est extraite de l'article de l'auteur, paru dans le quotidien *Le Monde* du 19 mars 2006.

Exploration

❶ Mabanckou a écrit cet article pour s'interroger « sur la place de la littérature francophone dans la création d'expression française » et pour proposer une définition de « la littérature-monde en langue française ». Godbout répond ainsi : avec la « francophonie », la France perpétue « l'approche coloniale » et refuse de participer à cette « littérature-monde » qu'elle traite « du bout des lèvres » car elle reste « accrochée à son espace littéraire national… ».

❷ Dans « littérature-monde », il n'y a plus de référence explicite à « francophone/francophonie/français », et l'acception est beaucoup plus large. Sans doute qu'avec l'appellation « littérature-monde » ce sont les thèmes abordés, les problématiques investies, les écritures et les mises en discours qui ont plus d'importance que la langue d'écriture, même si celle-ci reste le français. La « littérature-monde » n'est plus circonscrite à un ensemble politico-linguistique et aux rapports coloniaux, même si elle continue de les interroger.

❸ Mabanckou constate le manque de clarté quant à la définition de la notion de francophonie, le flou conceptuel qu'elle véhicule ; cette notion est aussi contestée (« décriée ») par « les procureurs », ces sortes de justiciers, qui voient cette appellation « comme la continuation de la politique étrangère de la France dans ses anciennes colonies ! » et qui est la position de Godbout.

❹ Pour Mabanckou, l'auteur francophone est « dépositaire de cultures, d'un tourbillon d'univers ». Il s'inscrit aussi dans l'histoire et l'héritage des lettres françaises, auxquels il apporte « sa touche » ; il transcende les frontières et les races car il est récipiendaire de multiples héritages.

❺ Réponse libre. Apporter « sa touche », c'est apporter sa singularité, son histoire, son rapport particulier au monde qui garde les traces des imprégnations culturelles spécifiques ; les auteurs francophones sont issus de différents pays, parlent une, voire plusieurs langues en plus du français. Kourouma n'a pas obtenu le prestigieux prix Goncourt parce que son roman, *Allah n'est pas obligé*, contient des « particularités lexicales » (des mots malinké, des expressions calquées sur sa langue maternelle) : il a apporté sa « touche ».

❻ Pour l'auteur, la langue doit casser, dépasser les frontières géographiques, spatiales, historiques, voire mentales entre les gens, les pays. En proposant la « fraternité par la langue », « la fratrie francophone », Mabanckou se veut fraternel, humain « sans frontière » et solidaire « des univers », du « tout-monde ».

❼ Pour Mabanckou, « l'origine » ne se trouve plus dans le pays ou le continent où nous sommes nés, mais dans la langue, qui ne connaît ni les frontières, ni les séparations nationales, politiques, géographiques… Dans *Le Livre de l'Hospitalité*, Edmond Jabès met l'accent sur le choix, l'amour, le hasard qui font qu'on a choisi une langue. Le lieu de la langue devient « le livre », ouvert, sur lequel l'exilé, l'Autre peut inscrire « son » histoire.

❽ Réponse libre.

Nº d'éditeur : 10247947 – Dépôt légal : mars 2010

Achevé d'imprimer en juillet 2018
sur les presses numériques de l'Imprimerie Maury S.A.S.
Z.I. des Ondes – 12100 Millau
Nº d'impression : G18/58136N

Imprimé en France